JN045145

[R]EVOLUČNÍ EKONOMIE

O SYSTÉMU A LIDECH

改革か革命か

――人間・経済・システムをめぐる対話

トーマス・セドラチェク

デヴィッド・グレーバー

聞き手 ロマン・フルパティ　訳 三崎和志、新井田智幸

以文社

改革か革命か

目次

Contents

凡例

一、本書は Tomás Sedláček, David Graeber, Roman Chlupatý, (R)EVOLUČNÍ O SYSTÉMU A LIDECH, 65. pole,2013 の日本語訳である。

一、ただし、本書は未刊行の英語訳に基づき、適宜ドイツ語版を参考にした。

一、邦訳にあたって日本の読者にわかりやすくなるよう、日本語版独自に見出しを追加している。

一、同書には注釈がないため、訳注（＊1、＊2…）を補った。

一、本文中の〔 〕は訳者による補足である。

改革か革命か

——人間・経済・システムをめぐる対話

プロローグ *Prologue*

二〇一一年一一月一七日、雑多な人々がニューヨーク市のズコッティ公園に押しかけた。彼らは大企業と国家上層の政治に対する不満でまとまっていた。彼ら以前に世界のあちこちですでに大勢の人々が表明していた感情は、二〇〇七年以降、たんに恐慌[*1]（crisis）と呼ばれている出来事の原因と結果によるものである。しかし、ウォール街のすぐ近くでの抗議は象徴的な特徴を帯びた。これがオキュパイ運動の誕生であり、分断された失望や怒りに顔を与え、ある程度の方向性を与えるものとなったのである。一カ月後には八二カ国からの支持者が占拠者の国際的活動に支持を表明した。そして、イギリスのガーディアン紙によれば、オキュパイ運動は一年後にはすべての有人大陸の七〇カ国以上に登場したという。

二〇一三年夏、オキュパイ運動の誕生から二年後には、アメリカとヨーロッパで残っているのは、この運動のウェブサイトとツイッターアカウントだけだろうと思われた。不満を抱えた多くの人々も路上から去り、ニューヨーク、ロンドン、香港で警察が中核となる運動家を一掃した。大衆の支援は、当初抗議者を守ったが、十分ではなかった。疲労が蓄積し、その結果、人々は恐慌とそれにかかわるものに拒否反応を示し始めた。システムの危機や多くの人々が直面した日々の問題への簡単な解決法をオキュパイ運動が提示できなかったという事実も、衰退をうながした。そのうえさらに、みたところ経済は回復を始めた。

二〇一三年の上半期に欧米（ウェスト）にかけて広がった小康状態は、事情通の多くが主張するとおり、混乱期が終わったことを必ずしも意味しない。想像されたような自由落下は世界の主要な中央銀行がシステムに注入した巨額の流動資金によって止められた。だが彼らが資金の蛇口を閉めた瞬間に、問題はブーメランのように戻ってくるだろう（それが起こったかどうか、この本を読むときに、あなたはもう知っているかもしれない）。さらに言えば、欧米が一息ついているあいだに、東側世界（グローバル・イースト）ではある感情が沸き立ち始めている。ブラジルやトルコの経済は圧迫され、経済的・社会的不平等を非難する人々が街中に現れている。ウォール街占拠者が再び前面に押し出されてきた理由はこれだけではない。

アメリカで始まり、ヨーロッパを引きずり落とした恐慌は、世界的な結びつきをさらに強固にした。そして、国際的、広域的、地域的な金融センターで私が繰り返し聞かされたように、システムの真の是正をみるまでは、それが落ち着くことはないだろう。ブラチスラバ証券取引所のマリア・フラジョバ取締役は、二〇一二年六月のインタビューで、金融部門全体の声を雄弁に代弁した。

私が思うに、現在の状況——不確実性とそれにかかわるすべて——は本質的に標準になっていくでしょう。私たちはもはやすべてが見とおせる世界には生きられません。私たちは問題を解決するために生きるのです。これは問題を解決できないという意味ではありませんが、そのあいだに新しい問題が起こるでしょう。それはまるでトランプでつくった家が崩れ始めるようなものです。一カ所を支えることはできても、別の場所が崩れ始めるのです。それは元々もっていた安定性を根本的に失ってしまったのです。まったく新しい何かができるまでは、この状態が続くでしょう。

つまり、占拠者だけが変化を望んでいる——というよりは期待している——のではないのである。そして、この変化は、バリケードの両側からの声が同意するように、既存の秩序のまさに土台に間違いなく影響する。普段は沈黙している多数者（サイレント・マジョリティ）の代表も同意するだろう。たとえば、ドイツマーシャル基金というシンクタンクによって昨年おこなわれた調査では、ヨーロッパの七六パーセントの回答者が資本主義の現状に不満をもっていることが示された。アメリカでも同様に六四パーセントがそう答えた。このシンクタンクは路上の急進派やその他の伝統的な反対派集団を調査したのではない。標本集団は平均的な家庭であった。つまり回答者のほとんどはおそらくズコッティ公園やどこかの路上で寝る気はなかっただろう。しかし、不満、つまり占拠（オキュパイ）への欲求は、はっきりと示されていたのである。

　これはつまり、鉄のカーテンが崩壊して以降、人類史の最終章だとして賛美されてきたシステムが疑われ始めたということである。よく引用されるフランシス・フクヤマ[*2]の言葉は、人類のイデオロギー的進化は終着点に到達し、世界は西洋の自由民主主義と資本主義を組織のもっとも完璧な形として採用するだろうというものだが、それは幾分輝きを失ってしまった。もちろん、どんなシステムにも欠陥はある。そして現在支配的なものは、私たちが手にする最善のものである。他方で、この後に何が続くかについての議論を拒絶することはきわめて近視眼的であるというのも正しい。この近視眼性はハーバード大学とバージニア大学で心理学者によっておこなわれた研究からもわかる。それによると、人々は本性的に自分の完璧さを過大評価し、既存の秩序の永続性を信じることで、安全であるという自分の望む感覚を得るのだという。しかし、これは偽りの気休めにすぎず、想像力の過ちである。そう述べた二〇一二年の研究は「歴史の終わり」は幻想だと結論している。[*3]

したがって、疑いなく、オキュパイ運動が近年重大な影響を与えてきた討議、つまり次に何が来るかを討議し続けることには意味がある。未来が——どんな形であれ——到来するのを前に何をすべきかを考えることにも意味がある。そして、これが本書が拠って立つ前提である。本書は『経済人の黄昏』の緩やかな続編である。[*4] それは現代経済学を修繕するための疑問と可能性に焦点を当てたものだ。今回、私たちはシステム全体に対する批判的観点を提示する。現代経済学と経済はこのシステムの重要な一部である。トーマス・セドラチェクと一緒に、デヴィッド・グレーバーを招いて討論に参加してもらった。

グレーバーはアナキストの政治活動家であり、オキュパイ・ウォール・ストリートの始まりにかかわった人物でもある。彼はイェール大学、ロンドン大学ゴールドスミスカレッジでの教歴を経て、現在はロンドン・スクール・オブ・エコノミクスの教授である。本書では、彼はシステムの変化を求める者たちの声を代弁している。彼が言うように、資本主義は自分自身を腐食させてしまったため、それに替わりうるものを試み始める格好の時期にある。彼は革命的な変化を求めるわけではないが、恐慌が多くの国で人々に与えた衝撃を考えると、革命を排除もしない。資本主義の改良主義の立場から、トーマス・セドラチェクも現在の政治経済システムに辛辣な批判を示し、グレーバーに多くの点で賛同するが、その結論は大きく異なる。彼が信じるところでは、私たちは資本主義を救い、回復するのを助けなくてはならない。なぜなら、その崩壊――あるいは断末魔――は危険な無秩序を突発させるだろうからである。

現在の――または次の――恐慌がもたらすかもしれない最悪の状態を防ぐ努力については、セドラチェクとグレーバーは一致する。彼らは、たとえ本能的にはそうしたくなくとも、支配的システムの欠陥について議論しなければならない理由を示す。私たちは強制的に参加させられているゲームに興味をもって近づかなければならない。私たちは、自分たちを経済人（ホモ・エコノミクス）や政治人（ホモ・ポリティクス）にしているもの、つまり、私たちを満たすと同時に抑えつけてもいる集団の一員たりうる個人にしている、クモの巣状に錯綜した明文不文のルールを探査しなければならない。勘定の差し引きがプラスであるかぎり（あるいはそうだと信じられているかぎり）、システムが仕事に精を出せと言えば、人々は仕事に精を出す。しかし、システムは与える以上に奪っているという確信が広がったとき、それは崩れ始める。そして、この種の事態に備えておくことは重要である。

ロマン・フルパティ

*1　日本でいうリーマン・ショックは、英語ではたんに the crisis あるいは the financial crisis などと呼ばれことが多い。

*2　フランシス・フクヤマ（Francis Fukuyama 一九五二―　）アメリカの政治学者。一九八九年の論文「歴史の終わり」で、冷戦終了により自由主義が勝利し、政治・社会制度の発展が終局に達したと論じた。議論の下敷きになっているのはヘーゲルの歴史哲学とフランスのヘーゲル研究者アレクサンドル・コジェーヴの所論である。主な著書に『歴史の終わり』（上下、渡部昇一訳、二〇〇五年、三笠書房）がある。

*3　おそらく以下の論文と思われる。Jordi Quoidbach, Daniel T. Gilbert, Timothy D. Wilson, "The End of History Illusion," *Science* 04 Jan 2013 Vol. 339, Issue 6115, pp. 96-98 (https://science.sciencemag.org/content/339/6115/96)

*4　チェコ語原書のシリーズに、Tomáš Sedláček, David Orrell, *Soumrak homo economicus: rozhovor Romana Chlupatého*, 65.pole, 2012 がある。

第１章
体制の変革か 体制の打倒か

Chapter 1

Change the regime, topple the regime

資本主義は改良すべきか、破壊すべきか

ロマン・フルパティ（以下、RCh）：今回の恐慌のなかで、不満をもった中産階級の人々を多くの国の路上で何度も目にしました。彼らは従順とまでは言わなくても、一般的には比較的おとなしい階級で、反乱など起こしそうにない人々です。これは状況が深刻な徴（しるし）なのでしょうか？　大変動が差し迫っているのでしょうか？

デヴィッド・グレーバー（以下、DG）：ええ、本当にその可能性は高いでしょう。オキュパイ運動、とくにその第一段階で、私たちが最近目にしたことは、アメリカ史における記念碑的なものになると思います。アメリカ政府は社会運動を軍事的に抑圧してきた長い歴史をもちますが、中産階級の白人を含むものに対しては基本的にそうしてきませんでした。そして、憲法が明白に保護するとしている非暴力の平和的な集会（アッセンブリー）の形態を実践していた白人中産階級の人々を追い散らすために、対テロリスト技術の訓練をうけた者を政府が実際に送ろうとしたことは、いささか驚くものです。

これはアメリカ史の驚きの転回だと思いますし、未来の歴史家はそう考えるでしょう。現行の解決策の長期的な生存可能性という点で、これが意味することは依然としてわかりませんが、システムの長期的な生存可能性について気にしているような一部の人と話したなかでは、真剣に懸念されていました。

トーマス・セドラチェク（以下、TS）： 事態をかき回すことはできるし、そうすべきだと思います。そして、実際にそうなっています。オキュパイ運動や、環境保護運動や、フェアトレード運動によってです。問題はこれで十分かどうかです。民主主義的資本主義の問題は、それが批判を必要とし、批判を糧にしていることにあります。もし批判がなければ、それはバラバラに崩れ落ちるでしょう。そしてここで、あらゆる社会を批判するもの、システムを批判するものが自分自身に問わなくてはならない問いは、「私はシステムを破壊しているのか、それとも養っているのか？」というものです。

RCh： お二人とも現在の状況は持続不可能だと考えていますね。あなたがたは、現在の形のシステムは時代遅れだと言って、ゾンビと比較しています。そのシステムから悪――ゾンビ――を取り除いて、システムそのものは維持できるのでしょうか？ それとも、破壊して何か新しく始めなくてはならないのでしょうか？

TS：言い換えると、ゾンビに魂を取り戻せるかどうかということですね。できる、というのが私の立場ですが、デヴィッドのほうは――勝手に決めつけたくはないのですが――ゾンビを殺すというものでしょう。

DG：そうです。簡単に言えば、私たちの目標は物事にどう対処すればいいかを示すオルタナティブを創り出すことにあります。それが今の体制の崩壊につながるだろうと信じていますよ。

TS：今トマス・アクィナス[*1]を思い浮かべました。彼は、善をなすには善をなすための意志と知識がなければならないと言いました。つまり善を引き起こしたければ、善とは何で、どうやって生み出すのかを知らねばなりません。これは簡単な問いではあ

＊1　トマス・アクィナス（Thomas Aquinas 一二二五―七四）中世スコラ哲学を代表す

りません。パウロ[*2]はいつもこのことについて語ります。「私は善をなしたい。しかし、結局悪をなしている」と。つまり、言うなれば、願望は正しいが、技術的な諸要素、つまり合理的構造（rational structure）が悪なのです。社会回勅[*3]ですら罪深い構造について語ります。「ここにいる誰もが互いにとって善でありたいと思っている」のに、結局のところ、構造がその目標をひっくり返し、集合的な罪にしてしまうのです。

DG：それは興味深いですね。というのは、グローバル・ジャスティス運動[*4]では、私たちはよく悪のレトリックを使っているとして非難されるからです。ただ物事を悪だと叫んでいるだけだと。私たちは人々を悪だと言っているのではなく、制度を悪だと言っているのです。なぜなら、自由な集団のなかでは、各人にそれぞれの意図を疑う権利が与えられなければならないと考えるからです。さもなければ、基本的なアナキストの原理にしたがうことになるでしょう。つまり、人々を子どものように振る舞わせるための唯一確実な方法は、彼らを子どもとして扱うことであり、逆に、人々を分別のある大人として扱えば、そうふるまう可能性は最大化するということです。しかし、超えてはならない一線が必要でした。彼らがWTOのような組織は悪だと言った

る神学者、哲学者。主な著書に『神学大全』（I・II、山田晶訳、中公クラシックス、二〇〇四年）がある。

＊2　聖パウロ（？―六五？）初期キリスト教の代表的使徒。『ローマの信徒への手紙』他、新約聖書に数々の書簡が収められている。

＊3　カトリック教会が教皇名で方針を示す回勅のうち、特に社会問題を主題とするもの。

＊4　新自由主義的グローバリゼーションに対抗する、人権擁護運動、

とき、それが意味していることは、そこにいい人もいるかどうかは問題ではなく、構造的によく振る舞うことができないということなのです。

TS：あなたのこの例が大好きです。ＩＭＦで働くお人よしの女性が、チャリティーにたくさん寄付をしている一方で――無意識のうちに――利子率を上昇させるのに加担し、それが何十万もの家族を路頭に迷わせているというものです。[*5] これはオーストリア系アメリカ人の人類学者、イヴァン・イリイチ[*6]が示したパラドックスを見事に示しています。彼は、私たちがいかにして倫理を制度に外部化してきたか、長々と論じます。今や私たちは貧者を世話する必要はありません。なぜなら社会システムがあるからです。高齢者を世話する必要はありません。なぜなら年金制度（retirement scheme）があるからです。病人を世話する必要はありません。なぜなら、少なくともここヨーロッパにおいては、保険があるからです。

DG：そのとおりですね。実は、私のパートナーはカナダ人で、私たちはテキサスとカナダを行ったり来たりしながら、それぞれの似ているところと違うところをたくさ

労働運動、環境保護運動、農民運動など、広範な運動体やＮＧＯが緩やかに連帯した運動。一九九九年にシアトルで行われたＷＴＯ閣僚会合への大規模な抗議活動によって、会合を決裂に追い込んだことで、注目された。

＊5　デヴィッド・グレーバー『負債論　貨幣と暴力の５０００年』（酒井隆史監訳、以文社、二〇一六年）、四―六頁。

＊6　イヴァン・イリイチ（Ivan Illich　一九二六―二〇〇二）オーストリア生まれの哲学者。主な著書に『脱学校の社会』（東洋・小澤

ん話し合っています。カナダの社会的なケアのシステムは優れていて、非常に効率的です。そして、彼女が言うには、だからみんなそれほどお互いのことを気にかけなくていいのです。それに対して、テキサスでは、みんなが本当にはるかに人に優しいのです。なぜなら、そうしなくてはならないからです。もし人に優しくなかったら、友達ができないからです。友達がいなければ、困難に陥ります。少なくともそうなる可能性があります。

TS： その非難は個々人に対してのものではありません。あなたはそういう文句はつけませんよね。ほとんどの人がそうだと思います。欠陥は、反倫理性は、制度にあるのです。私たちは制度に対する倫理をもっていません。問題はまさに、「制度は倫理をもちうるのか？」ということです。その背後に生身の人間はいません。経済における分業もまた問題です。制度内では、それはうまく機能します。それゆえに付加価値に課税するのです。なぜなら、最後の一セントまで確定できる、あるいは少なくともそう考えられているからです。しかし、罪はどうすれば分割できるでしょう？　たとえば私が殺人を犯し、有罪で禁錮三〇年を言い渡されたとしましょう。もし私が共謀

周三訳、東京創元社、一九七七年）、『シャドウ・ワーク　生活のあり方を問う』（玉野井芳郎・栗原彬訳、岩波現代文庫、二〇〇六年）などがある。

していたら、罪は分割されずに倍増されます。二人とも三〇年になるでしょう。もし四人で共謀して誰かを殺したら、罪は四倍になります。つまり、ここから言える恐ろしい考えは、私たちがよく考えるようには、罪は分割されないということです。投石の場合ならそうなります。誰も非難を受けません。その罪を群集のなかにいわば紛れこませて消してしまえるからです。しかし、実際には、古代ローマの法体系にすでに示されているように、罪は倍増します。

RC：それではシステムを変えることは可能なのでしょうか？　一方であなたはそう主張していますね、トーマス。他方で、神経中枢として働く制度に何らかの倫理的枠組みを強制することはできないとも言いますが。

TS：これは専門分化の代償です。調整するために何重にも重なった制度が必要なのです。もし専門分化された社会を望むなら当然、もろもろの制度が必要になります。そしてそれらは主に――どの程度まで自生的かという点について議論は分かれているとはいえ、大部分――人為的につくられています。だから私たちは自分たちのつくった制度に責任があります。これについては、マルクス[*7]に同意しなくてはならないでしょう。彼が非常に正しかったと私が思うひとつの領域です。もし制度が人工物なら、人類は単純にそれに責任をもっています。自分が運転している車に責任をもっているということです。たとえ、厳密に言えば車が人を殺したんだとしても、自動車事故について車を責めることはできません。

経済に魂を与える

RCh：では、どうすれば制度を変えられるのでしょうか？　どうすれば想像上のゾンビを恐ろしくないものに変えられるのでしょうか？

TS：魂を与えることによってです。たとえば、経済学はまったく魂をもっていない価値中立の物理学ではないんだという事実を認め、折り合いをつけることです。これはまさに市場の見えざる手の謎です。これは指揮者のいないオーケストラなのです。

*7　本書七二頁、注八を参照。

自由市場主義者のルールはこういうものです。「市場を指揮するな！　絶対に！　干渉するな！　市場が私たちを未来に導くのだ。どのようにして、どこに向かうのかはわからないが、ただこの半自生的、半人工的な制度を信じるのだ。これが私たちを導くのだ。そしてもしこれに干渉するにしても決して善悪をかたるな。倫理的（moral）な言葉で干渉してはならない！」私はこれは完全に間違っていると思います。したがって、私たちが袋小路にいることに気づいて驚く必要はないのです。

DG：ここで言うべきなのは、自生的な発展など、みじんもチャンスがないということですね。

TS：ええ。しかし、この信念を維持し、この神話を生かしておこうとたいへんな努力が払われています。これが、制度がゾンビのように振る舞っても驚くべきではない理由です。私たちは二〇〇〇年にわたって人間的なもの（ソフト）をすべて消し去ろうとしてきました。ですから、私の提案は、人間的側面、人類学的側面、その他の側面を議論に戻し、技術的、数学的側面の経済学と混ぜ合わせるようにすることです。経済学はここまで重要なものになったのですから。

ゾンビ化した銀行、ゾンビ化した資本主義

RCh：そして私たちは現存のシステムを再起動させる可能性と、救出する可能性に到達しています。デヴィッド、なぜあなたはこのような試みが失敗すると考えるのですか？　なぜゾンビはゾンビのままであり続けるのでしょうか？

DG：このようなゾンビ化した制度には特有のタイプの論理があるように思います。どこから始めればいいかな……。より特化したものがいいかもしれません。ひとつの制度について話しましょう。

RCh：システム全体、総体的枠組みに話を絞りましょう。それが私たちの周りを取り囲み、束縛しています。トーマスはそれを変えられるといっています。あなたはそれ

を破壊しなければならない、殺さなければならないと言います。なぜでしょう？

DG：思うに、それは自滅しつつあるのです。だからゾンビなのです。ある意味、それはもう死んでいます。それがいまだに歩き回っているのは、私たちが他にどうすればいいかわからないからです。

TS：でも、死ぬまでにたくさんのものを食い荒らすかもしれませんよ。

DG：そのとおりです。だから彼らはゾンビ化した銀行について語るのです。彼らはかつては吸血鬼化した銀行について語っていました。そのメタファーも依然として使われますが、ゾンビのほうが優勢になっています。というのは、この資本主義の最大の制度は、今や納税者の支援に依存していると感じられているからです。それは根本的には彼らが社会主義的だと非難していたものそのものです！　つまり彼らは国営の病院で延命サポートを受けながら、夜には抜け出して、食べられるものを食べています。この考え、つまり私たちは本当は生ける屍である制度に直面しているという考えは、魅力的だと思います。そしてなぜそうなっているかというと、この制度がきわめてうまく成し遂げたことのひとつが、歴史上もっとも成功したイデオロギー的プロジェクトであり、それは、私たちに他の制度は存在しえない、その構造内で制度をより人間的にし、維持し、操作する以外に選択肢はないと信じ込ませたことにあるからだと思います。今では、この制度が生ける屍のように振る舞う状況下にあります。なぜなら、それらがある意味、自滅しつつあるように思われるのに、それに代わるものを誰も思いつかないからです。

第 2 章

壁の前の市場
壁の後ろの市場

Chapter 2

Market before the wall, market behind the wall

一九五〇年代の資本主義、二〇〇〇年代の資本主義

ロマン・フルパティ（以下、RCh）： ほとんどの西洋人は、どこにも逃げ場がないと、つまり、システムのことになると、単純に選択肢がないと信じ込んでいます。オキュパイ運動によれば、システムは変えられるし、変えなくてはなりません。どうしてでしょう？

デヴィッド・グレーバー（以下、DG）： 私たちが議論を喚起してきたのは、経済と政治のシステムがほとんど同じものになってきたという事実です。私がとってきた方法は、一九五〇年代の資本主義と今日の資本主義の違いを想像させることです。「ゼネラルモーターズにとってよいことは、アメリカにとってよいことだ」という、有名な言葉を見てみましょう。さて、こう言えた理由は、ゼネラルモーターズが大きな利益を生み、そのうち約六〇パーセントが税金として政府に納められたからです。個人所得税はアイゼンハワーのときに九〇パーセントでした。そして、政府はその税を

使って道路や高速道路をつくりました。おわかりのように、それが自動車産業にとってよかったのです。同時にそれは、自動車産業が地方政治家にたくさんの賄賂や見返りを与えるメリットをもたらしました。カネがばらまかれたのです。では、次に、今が二〇〇八年だとしましょう。金融危機直前の年です。GMは自動車で全く利益を生んでいませんでした。利益のすべては金融部門から出ていました。金融はまったく異なる土台のうえで機能しているのです。それは本質的には貨幣をつくるという特権であって、政府をつうじて公的に与えられています。そこで彼らは特権から利益をあげ、それを政治家に返し、彼らがより有利になるような法律を政治家につくらせるのです。生産はすべての経営活動のうち最小の部分になり、一般的に言えば、たいして利益をあげなくなりました。今ではウォール街の利益のうち、何かを生産したことからもたらされているのは一六パーセントにすぎません。そして実は、GMの利益は、それが金融からきているにもかかわらず、その一六パーセントのなかに含められているのです。

RCh：大げさに言うと、資本主義は自らの存続をもはや正当化できないと、あなたは信じているわけですね？

DG：政治システムを経済システムの守護者だと単純に考えることはできません。まして や、言うまでもなく、それが中立的な領域で、そのなかで経済主体が地位を競い合うものだとも考えられません。そうではなく、政治システムは経済主体が機能するためのまさに媒体だと考えなくてはなりません。つまり、汚職や賄賂の問題は――もちろん、アメリカで賄賂が排除されているのは、実質的にそれが合法化されているからで、政治活動への寄付と呼ばれていますが――本質的に金融化した経済が機能する仕方なのです。ですから、政治システムのなかに入っていってそれを変えようなんてことは馬鹿げています。そんな方法はないでしょう。人々に自分自身であることをやめるよう要求することは、本質的に、何にもならないことは明らかです。したがって、それを実行し、指摘する唯一の方法は急進的な対案のようなものをつくることでした。それを私たちはやったのです。このウォール街というところは、他のすべてを差しおいてある特定の原理――ここでは利益です――を追求するよう支援された強大な権力をもつ非人格的なメカニズムの究極のシンボルです。そして、この装置全体を正当化すべく、その周りに人間本性の特殊なイメージがつくり上げられました。私たちができるもっとも革命的なことは、まさにその反対側、二ブロック先に、革命的な親切さ（kindness）の原理に基づいた共同体を立ち上げることです。そこで人々は、信じられないくらいひたすら、互いに親切なのです。直接民主主義の実践をしているところでは、人々は相互扶助の文脈で行動します。これはグローバル・ジャスティス運動にまでさかのぼります。そこで私たちはＷＴＯやＩＭＦのような機関の民主主義的には無責任な性格を際立たせるために、直接民主主義を実践したのです。そして、それをもっと掘り下げて、それらの機関が行っているような行為は決して人間性の本質ではないということを身をもって示し、それらの機関を暴露し、正当性をはぎ取ろうとしたのです。

R Ch：しかし、そんな方法で体制への反対を広められるでしょうか？　現体制はいまだに人々に「パンとサーカス（bread and games）」[*1]を提供し続けています。とりわけ、酒、テレビ、より全体的に言えば家庭の快適な設備を、です。

＊1　ローマ帝国の市民がパンとサーカス、つまり生活必需品と娯楽が与えられ、政治的関心をも

DG：私もそう思いますよ。ただし、あなたの言っているような人がどんどん少なくなっているという単純な事実を除けば、ですが。アメリカでは中産階級が急速に解体しています。システムの安定の土台が、ある種の財を提供する能力にあることには同意します。住宅ローンはそのみごとな一例でした。そう、「誰もが家をもてるのです。ええ、実際には家はもてませんが、ほぼ家をもてるのです」。つまり、あなたは負債と所有者としての喜びとを同時に手に入れます。しかし、実際には家を所有してはおらず、それを維持するためには、厳格で合理的な規律の下におかれ、常にそれを内面化しなければならないのです。

トーマス・セドラチェク（以下、TS）：あなたを管財人に任命しましょう。架空の管財人です。それはアリストテレスが述べた、共有地（コモンズ）の悲劇に対するなかなかよい回答です。[*2] 私たちは自分の欲しいものの管財人にはなれませんから、仮想的な管財人のようなものになりましょう。私的所有権が厳格に設定できない、村のような社会では、実際に境界をぼやけさせるようなことをなんでもできます。村に井戸がひとつだけあって、理論的には全員が自分用の井戸を高い費用をかけて掘ることもでき、場合に

たなくなった状態を指す。

＊2　「自分のものといえば最も多く気にかけるが、しかし共同のものはあまり気にかけないか［…］他の人が気にかけ

よってはそうしたほうがいいかもしれない。しかし、現実には違います。現所有者が少しの財やサービスを村人から受け取り、村人は井戸を使え、所有者は井戸を決して売ろうとはしないでしょう。これでうまくいくのです。往々にして物事が厳格に決められている場合よりも効率的にです。

DG：私たちはあいまいな所有物に囲まれています。私は公共財と私的財、そのふたつの選択肢しかないかのように論じる人たちに、そのことを指摘します。大学で、いつもこういうのです。「君が座っている椅子を見てごらん。これを実際に所有しているのは誰だい？ 誰も知らないよね」と。それはとてもあいまいなのです。

市場の見えざる手、公務員の見えざる軍隊

TS：このような例で、私たちは外部性について話しています。ある面では、すべての市場は外部性だという議論も成り立ちます。ひとつの例としてパン屋を、しかも

ていると考えて、それだけなおざりにする」（アリストテレス『政治学』山本光雄訳、岩波文庫一九六一年、七一頁）。

――古典派経済学にしたがって――自身の利益のみ追求するパン屋を考えてみましょう。みんなはパンが欲しいだけです。外部性として、みんなが機能的メカニズムを創出ないし維持し、このメカニズムはみんなの利己心を調整するとされています。つまりこれは機能不全を起こしているシステムからの例外という意味での外部性ではありません。空気や愛や美といった外部性に対しては、私たちは「非資本主義的」でなくてはなりませんが、そういうものではなく、まさにそのシステムが外部性なのです。したがって、厳格なルールこそ、それが機能するとすれば、例外なのです。教科書では、市場がうまく機能する例として、いつも茶産業が出てきます。いいでしょう。たぶんそうなのでしょう。しかし、携帯電話や、紙や、自動車や、他の製造業では、規模の経済（economies of scales）[*3]が働く傾向があり、たくさんつくればつくるほど製造費が安くなります。したがって、独占すなわち競争の破壊に向かうのは避けられない傾向です。つまり、競争の本質的性質は、すべてではなくとも多くの場合について、まさに競争そのものを破壊することなのです。

DG：それは各地の為政者が何千年も前から実現しようとしてきたことです。彼らは

＊3　製造業などで生産規模が大きくなると製造工程が効率化し、製品の単価が安くなること。スケールメリットともいう。この効果によって、大企業ほど価格競争で有利になるため、独占が引き起こされやすくなる。

きわめて自覚的に、市場を維持しようと望むなら、資本家を排除しなければならないと考えていました。

TS：したがって、市場の見えざる手が働くのは、公務員の見えざる軍隊のほうがはるかに多くいて、その仕事が不可視化されているにすぎないという条件の下でのみなのです。思うにこれが実際に公務員に出くわしたとき、つまり規制の厳しい地域に家を建てたり木を植えたりするときに、うんざりさせられる理由です。ハンコをもらわなくてはならない公務員に会ったときに気分を害する事情です。そこにハンコが必要な理由が非常によくわかります。誰もが何でも好きなものを建てられないからです。しかし、突如気づかされるのは、このシステムは毎日二四時間、人為的に、警察によって、暗黙の暴力によって、常に維持されなければならないということです。

DG：警察がいなくなったマダガスカルに行ったときのこと[*4]は魅力的でした。そこではいきなり人々がどんな高さの家も建てられ、どこにでも傾斜路を設置できることになります。すると突如として、みんなが同一の決定をするための民主的制度を即席で

*4　グレーバーは一九八九年から二年間、人類学者としてマダガスカルでフィールドワークを

つくる必要が生じます。彼らはいまだに貨幣を使っていましたし、市場もありましたが、それはまったく異なるものになっていました。中世のとくにイスラム世界にはこうした市場があり、それは当初、軍事行動の副産物として生まれたものの、後に経済的機関としてひとり立ちしたものです。[*5] その論理は完全に変わります。最初の自由市場の理論家は——私はアダム・スミスの言葉の多くが元をたどると中世ペルシャから継承されていることを知り、非常に驚いたのですが——市場と人間の自由というレトリック全体の土台に、できる限り国家から市場を守るという考えを置いていました。しかし同時に、ひとつ違うのは、競争には独自の役割があるとみなされ、原動力になるとはみなされていなかったことです。分業は相互扶助の原理の拡張と考えられました。

行った。

＊5　軍隊と市場の関係については、前掲『負債論』七五頁参照。

市場と市場のレトリック

TS：市場は端っこでは崩れます。[*6] 人間関係のようなナノシステムのなかを見ると、

＊6　本書九四頁以下参照。

私たちは、それは等価交換的なもの（quid for quo）ではなく、そうだとしても厳密なものではありえないということを意識的に示そうとします。しかし、ギリシャのようなマクロ構造のところにくると、「誰もが必要に応じて」（ギリシャ）、「誰もが能力に応じて」（ドイツとその他の国）へと再び戻るのです。これは「恋愛と戦争ではすべてが許される」ということわざを思い起こさせます。これらの例には、市場のルールは適用されません。実際に、あなたは社会を今日、解体できます。私たちにとって今日、大切なものを見てみましょう。たとえば健康です。ヨーロッパでは、競争はなく、保険があります。保険は、人々が自分の行動の結果をどれほど引き受けたくないかということを示す完璧な例です。それを社会化しているのです。もし車をもつなら、保険に入らなくてはなりません。アメリカでさえそうです。なぜでしょう？　それは、もし自分の運転ミスで、誰かのポルシェに突っ込んでしまい、五〇万ドルもの負債を負うことになったときに、個人責任を望まないからです。富裕な人も望まないし、貧しい人も望みません。大切なもの、たとえば、命、死、健康、車、家のことになると、保険があります。それはある種のコミュニタリアニズムです。つまり、市場は中間のどこかで機能するのです。それはナノ領域では機能しませんが、ゼネラルモーターズが破綻するときにも機能しません。突然魔法がかけられ、「不干渉」や「介入するな」と説教していたビジネスマンが、膝を折って懇願するのです。最後にもう一言。もしウォール街自身が発明したルールを政府が固守すれば、最初に通りに倒れるのはウォール街の連中で、彼らはこう叫ぶでしょう。「資本主義は公平じゃない!」と。

RCh：市場がナノレベルでもマクロレベルでも機能しない——あるいは機能すべきではない——というのですか?

TS：機能しないほうがより効率的で、より望ましい。これが私の主張です。システムのいくつか、もしかしたらほとんどすべてのシステムは、それが不効率なときのほうがより効率的です。

RCh：では、恐慌とは、ナノ領域とマクロ領域にまで市場を拡大しようとしたことの帰結であると言えるでしょうか? それらの領域まで市場原理を押し通そうとしたことが、重要なものを掘り崩してしまったと言えないでしょうか?

TS：それは大きな問題ですね！

DG：おもしろい問題です。私は非難されるべきものが市場なのか、市場のレトリックなのか、わかりません。たとえば、現在までに予想されていた発明がすべて枯渇してしまったのはなぜか考えてみましょう。一九〇〇年にジュール・ヴェルヌ[*7]を読んだ人は、一九五〇年までに期待していたすべてのものを手に入れました。なぜ、私たちはずっと期待してきたものを手に入れられなかったのでしょうか？　思うに、それは官僚制にある種の市場の論理がもち込まれ、その性質が変化したことと関係がありります。マンハッタン計画[*8]やアポロ計画[*9]――これらは巨大な官僚制ですが、これらはイノベーションを促進し、奇抜で創造的なタイプの人々に活力を与える方法を心得た官僚制でした。現在では、私たちは空前の資金を研究に投入しています。しかし、それが産官学の一体化した官僚制を経由していて、そこでは企業的な競争のエートス、競争の言語がすべてを乗っ取ってしまいました。しかしその結果は、誰もが互いにものを売ろうとすべての時間を費やすことであり、結果的に何も発明されていません。[*10]本

＊7　ジュール・ヴェルヌ（Jules Verne 一八二八―一九〇五）SF小説の始祖とされるフランスの作家。主な著書に『八十日間世界一周』（田辺貞之助訳、創元SF文庫、一九七六年）、『月世界へ行く』（江口清訳、創元SF文庫、二〇〇五年）などがある。

＊8　第二次大戦中のアメリカ、カナダ、イギリ

当に技術的なブレイクスルーを求めるなら、いちばんいいのは創造的な人に何でも好きなものを与え、しばらく放っておいてやることです。ほとんどの人は何ももたらさないでしょうが、わずかの人がおそらく自分たちですら驚くようなものをもたらすでしょう。確実にそんなことが起こらないように保証したければ、その人たちに、ほとんどの時間を使って互いに競争し、自分が何を発明しようとしているのかすでに十分にわかっていることを証明しなさいと伝えましょう。これが今のシステムです。彼らはすべてを市場化するという考えをもち込みます。現実の市場とは似ても似つかないのですが。

市場に寄生する資本主義

RCh：指摘されたように、問題はおそらく市場ではなく市場のレトリックです。では、オキュパイ運動は何に反対したのでしょうか？　市場そのものなのか、それとも人々に粗悪品に変えられてしまった市場に対してなのでしょうか？

スによる原子爆弾開発計画。

＊9　アメリカ航空宇宙局（NASA）による月への有人宇宙飛行計画（一九六一―七二）。

＊10　この官僚制批判については、デヴィッド・グレーバー『官僚制のユートピア　テクノロジー、構造的愚かさ、リベラリズムの鉄則』（酒井隆訳、以文社　二〇一七年）、とくに「2　空飛ぶ自動車と利潤の傾向的低下」を参照。

DG：もし経済学者に聞いたら、ほとんどが市場はモデルだと答えると思います。もし人々が合理的な主体であると想定すれば、何が起こるかについての数学的モデルをつくることができます。したがって、市場は現実ではなく、現実世界で起こる事象の特定の側面を記述するモデルなのです。だから、発見的な目的には役に立つこのモデルを、あたかも実際に存在し、つねに正しいかのように扱うのには、私はやや懐疑的です（おそらく仮にそれが本当に存在していればつねに正しいでしょう。しかし、それは反実仮想の積み重ねにすぎません）。確かに、それは何かしらを教えるでしょうが、それが教えることには議論の余地があります。人々が市場について、あたかも自然に存在するものかのように話しているとき、私たちはまったく現実に即していないイデオロギー的立場を相手にしているのです。彼らが本当のところ何のために議論しているのか、自問しなければなりません。資本の金融化との関連が強まっているこうした状況は、究極的には何らかの形態の権力に基づいていると思います。私はブローデル[*11]の議論が好きで、その思いを新たにしましたが、それは、市場は究極的には商品－貨幣－商品（C－M－C）の論理に依拠するというものです。いくらか商品をもっ

*11 フェルナン・ブローデル（Fernand

ていて、他のものがほしいとしましょう。貨幣はモノを獲得可能にする媒体です。ブローデルはそれが市場だと言います。現在の資本主義はそれをまったく反転させて、いわゆる貨幣－商品－貨幣（M－C－M）となっています。ここにたくさんの貨幣があるから、市場で取引してさらに多く稼いでこよう。つまりこの意味では、資本主義は市場に寄生的なものだと考えられるでしょう。市場が人々が互いに取引するための自律的な手段になっている限り、常に誰かしらはより多くの貨幣を得るためだけのゲームに興じようとするでしょう。しかし、彼らは市場の論理をある程度制限するよう政治的権威と組むことができなくては、効率的にまた日常的にそうすることは決してできないのです。

TS：それが起こるのには政治すら要りませんよ。チェコ共和国では、このビールが一本三〇コルナです。醸造所のCEOと議論したとき、「実際のビールの費用はいくらなんだ?」と聞いたことがあります。彼は、〇・五六コルナだと答えました。そして、残りは欲望をつくり出すと同時に満たすための取引費用なのです。私たちの経済の半分は、ジグソーパズル状に切って箱に入れるというものです。私たちはお金を支

Braudel 一九〇二―八五）フランスの歴史学者。民衆の生活や文化に注目した歴史の分析を特徴とするアナール学派の代表的な人物。ブローデルは市場の機能は貨幣を介したモノの交換が基本であり、商品交換を仲立ちにして貨幣の増殖をめざす資本主義から明確に区別する。主な著書に『地中海』（I～V、浜名優美訳、藤原書店、二〇〇四年）、『物質文明・経済・資本主義 15～18世紀』（全六冊、村上光彦他訳、みすず書房、一九八五―九九年）などがある。

払ってそれを手に入れ、元に戻して楽しむのです。それはシンデレラにさせる仕事をわざわざつくるのに継母がレンズマメとセイヨウナシを混ぜるようなものです。同じことがビールでも言えます。それ自体は興味を引くものではありません。私の興味を引くのはイメージ、広告、調査などです。これが私たちの支払っているものの大半なのです。一杯のコーヒーでも、紙でも携帯電話でも。

RCh：それが現代経済の定義だと……。

TS：そうです。経済はたいへんな労力をかけて欲望をつくり出し、それを糧に生きています。それで別にいいのです。その九〇パーセントは買っているものの本体ではないと私たちが知っている限りは。買っているのはモノに付随するイデオロギーなのです。それは私たちが、突然もうこのゲームをするのが嫌になって機能しなくなるまで、ずっと機能します。

DG：あるいは、それが地球を壊すまでは、ですね。オキュパイ運動が警告しているように。

雄牛（ブル）と熊（ベア）——市場の動物たち

TS：そのとおりです。ところで、オキュパイ運動について言えば、あなたは雄牛（ブル）のイメージを使い始めました。それは市場で起きていることを示すのに使われてきた典型的なシンボルです。抗議が起こったところにある雄牛の像は、実物より大きく、攻撃的な姿勢の、怒れる雄牛の銅像です。ですから、なぜこのシンボルなのかと、聞かれるでしょう。[*12] (a)動物だから。(b)とても不合理な動物だから——雄牛はあまり賢くありません。(c)人間に優しくない動物だから。なぜ、馬や犬や猫にしなかったのでしょうか？　私はこう考えます。なぜ私たちは市場が実際に雄牛のように動いたときにビックリ仰天するのでしょうか？　オキュパイ・ウォール・ストリートについて考えるときのイメージは、雄牛がいて、警察がそれをフェンスで囲うというものです。これは、何か悪いことが起こらないようにするには暴力や人工的な障壁を必要とする

＊12　ウォール・ストリートにはチャージング・ブルと呼ばれる雄牛の銅像がある。雄牛は角を突き上げる仕草から、株価の上昇を連想させるシンボルともされている。株式相場の上昇を見込む

ということの完璧なイメージです。ここで、フェンスが守っているのはどちら側なのかと問わなくてはなりません。私たちは人々から市場を守っているのでしょうか。ティーパーティー運動ならそう言うでしょう。それとも私たちが雄牛から守られるためにフェンスが必要なのでしょうか。いずれにしても、ここには、それは囲われなくてはならないという一種の合意があります。体系的、制度的な暴力は必要です。なぜなら、生きた雄牛が人の多い都市の真んなかで野放しにされていたら、当然すさまじい暴力につながるだろうからです。フェンスは雄牛から私たちを守ります。あるいは雄牛を守ります。そして、これは熊（ベア）についても同じことです。それは市場の成り行きを示すもうひとつのシンボルです。お気づきですか？　またもや動物です。

DG：雄牛を囲うことが雄牛をつくるのです。そしてまた、世界が一連の計算からなると考えることを可能にする合理性の中核をつくるのです。囲ったものは神聖化され、切り離されます。それによって不合理な情念が神聖な原理になり、合理的なシステム全体を動かすことになるのです。ここでホラー映画の例が使えるでしょう。[*13] これはまさに吸血鬼そのものです。それは貴族政治です。それは啓蒙された資本主義市場に置

強気筋がブルと呼ばれるのに対し、下落を見込む弱気筋は、熊が手を振り下ろす仕草から、ベアと呼ばれる。

＊13　グレーバーとセドラチェクが使う吸血鬼と

き換えられるはずだったのに、復活し続けます。伯爵を殺し、自由、平等、博愛を確立したと思っていたのに、彼は死んだままではいないのです。なぜでしょう？　誰もそれを望まないからです。私たちの内面の奥深くに、拡大し続ける欲望があります。この無限の欲望が中核とされ、それこそが合理的市場を動機づけているのです。

狼男の例えは、前掲『官僚制のユートピア』一〇八―九頁で構造分析の例としても提示されている。

TS：もちろん、合理性と不合理性は分離できません。別のホラー映画のキャラクターを使いましょう。狼男です。彼は自分が二重のアイデンティティをもっていることを知りません。だからこそ、彼は自分の変身を防ごうとします。満月になると、彼は半狂乱で自分と戦います。彼は動物にはなりたくないのです。しかし、最後は屈服します。この種のことは人々にも当てはまります。もし、感情に屈しすぎると、動物に、狼になってしまいます。しかし同時に、もし合理的すぎると、ホモ・エコノミクスすぎると、感情のない殺人機械になってしまいます。それは結局、狼よりもはるかに恐ろしいものです。二種類の罪をあげましょう。ひとつは感情に結びついていて、もうひとつの罪、私が思うにより罪深いほうは合理性に結びついています。もし私が激怒したら、誰かをぶん殴るか、とんでもないことですが、殺すかもしれません。しかし、そんな状態で戦争を始めたり、民族や人種を抹殺したりするなんてことはありえません。そのためには冷静な頭脳が必要です。人類は合理性に助長されて、より多くの犯罪を引き起こしているのです。冷徹で計算高い殺人者。これが、人間は両極のあいだにいなければならないと私が思う理由です。私たちは魂のない文字どおりのホモ・エコノミクスになろうとしても厳密には不可能です。しかし、私たちが欲望を駆り立てるよりも欲望に私たちを駆り立てさせること、あなたの言うように、脅迫観念に操られることも許されません。

「であるかのように（as if）」の世界からルールのユートピアへ

DG： そうですね。私たちは合理的な面も非合理的な面ももっています。ホラー映画は、私たちが自らを制御できる一方で、同時に何か恐ろしいものをある意味で欲したり夢見ているという前提があるから効果を発揮するのです。そしてそこには幾ばくかの真実があるでしょう。だから私たちはホラー映画を観るのです。でなければどうしてそんな映画を観るでしょうか？

TS：重要なのは、もし本当にホラーを楽しみたければ、それを信じなくてはならないということです。二時間のあいだ、ゾンビや吸血鬼などの存在を信じなくてはならないのです。そしてこれは経済でも同じです。それはあなたが信じる場合にかぎって機能するのです。だから「信用逼迫（credit crunch）」と呼ばれるのです。言い換えれば、「信仰逼迫（faith crunch）」です。私たちの信念の体系が崩壊するのです。私が経済学者になった途端、経済学者のように考え出した途端、突然この違った信念の支配する領域に入り込みます。しかしその後はそこから出て、コーヒーを買って「ありがとう」と言います。なぜ私は笑っているのでしょう？　なぜ彼女が笑い返してきたときに私は感謝するのでしょう？　それは見せかけだとわかっているのに。これが、私がかつて朝から晩まで考えていたことです。彼女は自分の利益を増やすために笑いかけています。しかし、それでも私は楽しいのです。ですから、研究者であろうと科学者であろうと、映画を楽しみに行くとき、私たちはある魔法を受け入れなくてはなりません。それが信じられないことだとよくわかっていても、それを信じなければ、映画は意味をもたないのです。そして、市場をみるとき、私たちは同じことをしています。この「であるかのように（as if）」ゲームをしているのです。そうしなければ、吸血鬼をみて、「ばかばかしい。血なんて吸うわけないだろ。飛べるわけないだろ」と言っているでしょう。すると途端に映画は何も訴えかけてこなくなるでしょう。信じなければ機能しないのです。だから私たちは信じるのです。ゾンビでも、吸血鬼でも、市場でも。「であるかのように」を受け入れて、ふりをしなくてはならないのです。

DG：私はゲームについて常にそう感じていました。ゲームはある意味ルールのユートピアです。[*14] 通常の生活では、ルールは実際には決して適用されません。だから私たちは人工的な状況でルールが実際に適用される場所をつくるのです。周りの世界から空間と時間を少し切り取り、現実の利害が影響しないことを保障することによってのみ、ルールが本当にルールである世界をつくれるのです。

TS：そして、ほとんどすべてのゲームは共産主義で始まり、資本主義で終わることに気づいたことがありますか？　たとえばモノポリーです。みんな同じ所持金で始め、

＊14　前掲『官僚制のユートピア』の原題は *The Utopia of Rules* である。

すべてが公平です。そして、どのゲームでも山場は独占した人間を一文無しにすることです。ポーカーも、モノポリーもどんなゲームもです。ゲームと人生の違いはこうです。モノポリーをしていて終わると、「よし、君の勝ちだ。やったな。もう一回やるかい」といいます。なんてことでしょう！　こうしてヨベルの年[*15]を実行するのです。すべてを共産主義に、平等な状態に戻します。そして再び始めるのです。逆に、人生で一度、このモノポリー・ゲームをやってあなたが勝ち、私たちが一生あなたの召使になるということを想像してみてください。私は資本主義がこのようなものだと言っているわけではありませんが、このふたつのあいだのどこかでしょう。

DG：間違いないですね。たとえば、フーコー[*16]は晩年にかけてそのような見解に近づいていました。私たちは戦略的ゲームを行っていて、権力と支配の違いは、支配は結果が反転可能なときだと述べています。彼はSMプレイを実践していましたが、おそらく私が言っていることは、社会的自由の「セーフワード」理論のようなものでしょう。例えば「オレンジ」という、あらかじめ決めておいた言葉を発してストップをかけるまでは好きなゲームを続けられる。では、上司や、モノポリーであなたを負かし

＊15　『旧約聖書』に記されている、借金が棒引きされる年。トーマス・セドラチェク『善と悪の経済学』（村井章子訳、東洋経済新社、二〇一五年）第二章の小節「安息年と大恩赦の年」一〇七―一一〇頁、および前掲『負債論』一二二―一二三頁を参照。またグレーバーは同書の結論として、「特赦」の重要性を強調している。前掲『負債論』五七七―五七八頁を参照。

た人に「オレンジ」と言うことは、どんな意味をもつでしょうか？　私が交換やヒエラルキーなどの原理を精査する理由のひとつは、私たちがそういうものを社会から決して排除するつもりはなく、そうすべき理由もないからです。私たちの喜びの大半や生活の質はそれに依存しています。それは自然なのです。子どもがゲームをしているとき、五〇パーセントの時間はルールについて議論していると聞いたことがあります。つまり、ルールとルールをつくる能力がとても重要であり、楽しみの一部なのです。

TS：ゲームはルールなしにはありえません。雄牛はフェンスなしにはありえません。

DG：私たちはつねにルールをもとうとしていますが、問題は、それを止める私たちの自由とは何かということです。私は、制限されている限りは競争に賛成です。ところで、雄牛を隔てるフェンスについて話してきたので、雄牛と並んで市場の趨勢を表すのが、なぜ熊なのかという問題に戻りませんか？　あなたが指摘したように、雄牛は愚かです。しかし熊はとても賢い……。

＊16　ミシェル・フーコー（Michel Foucault 一九二六—八四）フランスの哲学者。晩年、道徳的規則への従属に代わるものとして、自分自身の生を一個の芸術作品とするために個人的倫理を自己に課す〈生存の美学〉について語っている。主な著書に『言葉と物　人文科学の考古学』（［新装版］、渡辺一民・佐々木明訳、新潮社、二〇二〇年）、『狂気の歴史　古典主義時代における』（［新装版］、田村俶訳、新潮社、二〇二〇年）、『性の歴史』（I～III、渡辺守章他訳、新潮社、一九八六—八七年）などがある。

TS：ええ、熊は森に住み、簡単には家畜化されません。私たちが熊を恐れるのは、あなたをバラバラにできるからです。狐はそこまで怖くないでしょう。時にはこうしたイメージを、普段している以上に文字どおりに受け取るだけで十分なのです。フィナンシャル・タイムズやウォール・ストリート・ジャーナルのような新聞を文字どおりに読んでみましょう。「経済学者が市場を落ち着かせるために招集される」。もしこれを二〇〇年後に誰かが読んだら、私たちは年を取った祈祷師で、変なダンスを踊っているみたいではないですか？　そこには知識をもっと想定された主体（subject-supposed-to-know）はいません。[*17] 私たちは完全に無知ですが、この儀式を行わなくてはならないのです。物事はそれなしには収まらないでしょう。

＊17　精神分析家ジャック・ラカン（Jacques Marie Émile Lacan 一九〇一―八一）に由来する語。分析の場において精神分析家はすべてを知る主体として患者に向き合うと想定されるが、ラカンはその図式を批判し、知は患者と分析家の間主体的な関係から生まれるとした。ちなみに、新古典派経済学や完全情報のゲーム理論で分析される完全競争においては、すべてのプレイヤーがあらゆる情報を知っているという条件が前提とされる。

第３章
システム危機
――身体と魂との分離

Chapter 3

Systemic crisis: The divorece of body and soul

市場と人間——何のために経済はあるのか？

ロマン・フルパティ（以下、RCh）：ある都市では、コンクリートの壁が人々を市場から守っています。あるいはあなたのおっしゃったように、市場を人々から守っています。このようなものを大規模につくることは可能でしょうか——人々を市場の弊害から守り、市場を人間の引き起こす害悪から守れるでしょうか？

デヴィッド・グレーバー（以下、DG）：トーマスが言ったように、誰が（何が）誰から（何から）守られるべきかというのは不明瞭です。友人の考古学者[*1]は、なぜみんながピラミッドの役割を、侵入者から死んだ王を守るものだとみなしているのか不思議がっています。その役割は死んだ王からみんなを守るためだというのに！

トーマス・セドラチェク（以下、TS）：たとえば、それが墓石のある理由ですね。それは死者が安眠できるためなのではなく、私たちがそうできるためのものです。

＊1　おそらくDavid Wengrow（一九七二—）のこと。ロンドンカレッジ大学の比較考古学教授。主著に*The Origins of Monsters. Image and Cognition in the First Age of*

DG：死者がゾンビになるのを防ぐためですね。

TS：そのとおり。食物連鎖が逆転しないようにです。私のホラーの解釈はこうです。食物連鎖の論理が逆転するのです。『悪魔のいけにえ（The Texas Chain Saw Massacre）』*2を取り上げましょう。私たちは動物や樹木に対して激しい暴力をふるっています。そう、この椅子はかつては立派な生きた木で、私たちが恐ろしい暴力によって、燃やし、伸ばし、乾かし、成形したのです（もちろん、木はたぶん何も感じないでしょうが、少なくともこのファンタジーを私たちは現に生きているのです）。ほとんどすべてのホラー映画の恐怖は、自然が逆転し、自然を扱うためにつくった道具が、突然、別の誰かに――たいていは狂人や「動物的な」人や狼男や吸血鬼や半人のような誰かに――使われ、攻撃されることなのです。その一例が『悪魔のいけにえ』です。たいてい、病気で理性を失った人や動物や人間のクローンやゾンビや吸血鬼など――つまり非合理的存在――が出てきて突然、物事の既存の秩序を変えるのです。

Mechanical Reproduction がある。グレーバーとの共著論文に 'How to change the course of human history (at least the part that's already happened),' https://www.eurozine.com/change-course-human-history/ がある。

*2　一九七四年公開のアメリカのホラー映画で、トビー・フーパー監督作品。人皮のマスクを被った殺人鬼「レザーフェイス」に男女が次々と殺戮される。その芸術性が評価され、ニューヨーク近代美術館（MoMA）のパーマネントコレクションとして保管されている。

RCh：市場から人々を安全障壁によって切り離すのは端的に不可能だ、それは不自然だということですか？　それとも現在の物事の状況がどこか不自然で倒錯しているということでしょうか？

TS：合理と非合理をつなげる唯一の方法は、両方を守る制度を設けることです。しかし問題は、これらの制度がときに正反対のものになることです。生活を向上させると思われた技術から、ホロコーストが起こりました。時間を節約すると思われた技術を、決して手放せない状態が生まれました――携帯電話、インターネットなどです。手放すには、心理的にたいへん重たい選択をすることになります。もはやそれを無視するという選択肢はありません――それはそこにあり、生きていて、自身の生命をもっています。たとえ一カ月間、携帯電話なしで逃げ出したとしても、つねに頭のなかを侵食されることでしょう。二〇年前なら、そんなことは問題ではありませんでした。そして、これが現在起こっていること、最初の意図からの逆行なのです。これらのものは自分自身の命をもつ傾向があります。市場は自分の命を得ました。それはもはや私たちに尽くすのではなく、私たちが市場に尽くすのです。「債務労役（debt service)」はかつては債務奴隷（debt servitude）と呼ばれていました。それは私たちに尽くすのではなく、私たちがそれに尽くすのです。

DG：そのもっとも劇的な例はこうです。アフリカでエイズの危機が高まったとき、世界銀行で訓練を受けた保健大臣がみんなこう言うのをみたでしょう。「人口の半数がエイズで死にかけているかもしれないという事実を深刻に受け止めなくてはなりません。なぜならそれは経済に深刻な影響をもたらすだろうからです」というようなことです。かつては経済が存在する理由は人々を生かすためだったんですけどね！

経済と人間 ――何のために働くのか？

TS：同じことは祝日の表現や休養についても聞きますね。私たちが休むのは何のためか？　よりよく働くためだ！　こうして休養はより激しく、よりうまく、より速く働くための一部になったのです。

DG：フランスで週三五時間労働が議論されていたときのショックを思い出します。アメリカの新聞は、「これは雇用状況を改善させるが、専門家はこれが経済的にうまくいくかはわからないと言っている」といった視点からのみ、それを報じたのです。労働時間を減らすことは、人々があまりたくさん働かないで済むからよいことではないかと議論した新聞は、ただのひとつもなかったのです。

TS：これはフランスとアメリカの企業の違いです。アメリカ人はフランス人より生産的ですが、通年ではフランス人はアメリカ人とほとんど同じくらい生産的です。単純に彼らは、働くときにはより一生懸命働くからです。

DG：私は完全に確信していますが、つねに延び続ける労働時間と労働の劣悪さは、本当は経済が命じるものではなく、政治が命じるものなのです。それは仕事のこと以外、何も考えられない人間の集団をつくり出す方法であり、そういった人間は仕事のことをあれこれ心配しているか、ずっと働いているかのどちらかです。私が心配しているのはこの不安定さです。これは現存の権力構造に対するオルタナティブを人々が想像する回路を遮断するのにきわめて効果的であるとともに、権力をもつ人自身にも作用しているからです。私は、私たちは自分たちに尽くすだけでなく、自分たちを規律づけるための、非人間的なメカニズムをつくっているが、それは自分自身を信じていないからだという考えに魅力を感じます。ある面で、中央銀行はその種の典型例です。市場は、人々が合理的に振る舞うことを保障する規律的なメカニズムとしてつくられたはずです。しかし、それは遍在する不安定さの感覚をこれほど深いレベルにまで浸透させるものになりました。アメリカ経済やドイツ経済に与える影響がほとんどなさそうなときにさえ起こる、債務についての常態化したモラル・パニックを見てみましょう。それは国際機関の指導的人物のあいだにさえ、特殊な心理状態を生み出し、もはや彼らは長い期間では考えられません。彼らはブレトンウッズ体制の創出や国際連合などの大掛かりな枠組みのようなものをつくり出すことができないのです。これらの枠組みがつくられた時代は、一種の心理的安定をもたらすために設計された社会保障メカニズムがつくられた時代でもありました。これらは根本的に掘り崩され、誰もが三、四年以上先を考えることもできないほど不安定なところまできています。

経済学者のトートロジー――経済と宗教

RCh：私たちが直面しているのは現行システムの効果的な自己防衛メカニズムだとこの会話の冒頭でおっしゃいましたね。つまり、端的に、他の道はないという確信のことです。このイメージが現在のエリートの誰かによって変えられる可能性や、誰かが大きく変えようと挑戦する可能性はどれくらいあるのでしょうか？

DG：政治の全体的な使命は、現存の制度機構をほぼ無傷のまま温存することです。それは途方もない仕事かもしれません。歴史的観点からみたオバマの魅力的なところは、大きな歴史的枠組みをみいだす先見性をそなえた存在としてみずからをアピールしたことです。しかし実際に彼は何をしたでしょうか？ 彼は何も変えないことに膨大な努力を必要とする時代に登場し、何とかして何も変えないようにしたのです。銀行部門はだいたい元のかたちのまま残りました。自動車産業もだいたい元のかたちのまま残りました。医療――というより、むしろその基礎にある哲学――でさえ、変わらずに残りました。要するに、昔も今も金なのです。

RCh：では、個人と市場のあいだの防御壁を人々が自分の手でつくることは可能なのでしょうか？　もし彼らの考えが変わるなら、または、もし支配的構造によってつくられたイメージで満たされた想像上の隔たりを飛び越えて、その外で考え始められるという自信をもてれば。

TS：箱のなかで考える〔既存の枠組みで考える〕だけでも十分でしょう。

DG：ええ、箱というものについて言えば、箱は内側と外側をつくり出します。それは、あなたをそれから守るべき対象をつくり出します。合理性の中核とフェンスの外の不合理な雄牛との区別は、ある面では、他のものと同様、まずフェンスによってつくられるのです。合理性という言葉について考えれば考えるほど、それは特異な概念だと認識します。なぜならそれは信じられないくらい限定的だからです。誰かを非合理的だと言うとき、その意味は、その人が論理的な展開をすることができず、きっと正気でないと言っていることになります。非合理にさほど多くの意味はありません。それは本質的には空虚なカテゴリーです。合理性の上に社会を築くというのは無意味です。それはまるで、釘だけでできた家を建てるようなものです。釘は何をつないでいるのでしょう？　合理的なシステムについて語るということは、真の問題をすべて避けているのです。それは経済学者が合理的個人について話すときに似ています。この例はすぐみつけられるでしょうが、実際の行動はそれには当てはまりません。次のものは経済学部の一年次の標準的な練習問題です。「慈善活動をする人についてどう考えますか？　彼らはいい人だと認識されることによる喜びを最大化しようとしているのです」。もちろん、なぜ、人々はそれで快感を得るのかという問いには彼らは答えられません。それに対する彼らの答えは、「うん、心理学者に聞いて」というものです。合理性は何も教えないのです。

TS：そのとおりです。最大化定理、すなわちすべての人が自分の効用を最大化するという経済学の神聖なる原理は、実際にはトートロジーなのです。[*3] 最大化しているも

＊3　前掲『善と悪の経

のは何でしょう？　もし死後の効用までそれに含めれば、それが本当に意味するところは「人々はしたいことをする。時に理由はなくても」ということにすぎません。もうひとつ例をあげましょう。私は「経済学者が同意できることはたくさんある」と話す経済学者と口論をしたことがあります。私は「それは違う。経済学者はトートロジーに同意しているだけだ。それ以外は同意していない」と答えました。これが、経済学が宗教にとても近い理由です。経済学者の金言は、人々はインセンティブに反応する、というものです。これは「聖杯」のようなものです。唯一の問題は、辞書でインセンティブの定義を調べると、人々が反応するもの、と出てくることです。ここまではみんな同意することです。しかし、どうやって恐慌を脱出するかや、どのようにフェンスを建てるのかといった話題になった瞬間に、それは宗教になります。そしておそらく、まさに今起こっていることですが、誰もが同意することがあります――それはこの「最後の宗教」すら、崩壊しかかっているということです。突然おおぜいの人が「あれもこれも神話だ」と言っているのです。神話のすばらしい定義があります。「決して起こったことのないことでありながら、つねに起こっていること」というものです。市場の見えざる手、完全合理性、私たちはそんなものを現実の生活ではみた

済学』第八章の節「トートロジーと効用の最大化」三一七―三二二頁を参照。

ことがありません。経済人（ホモ・エコノミクス）にだれも会ったことはないのに、みんながそうだと言うのです。

お金から逃れるために、お金を欲する

RCh：デヴィッド、あなたは同意してくれると思いますが、経済学への信仰告白の時期は過ぎたのでは……。

DG：もちろんです。私たちのすでに置かれている状況では、人々にゲームをやらせる主要な動機は、いずれそのゲームをしなくても済むという見とおしになっているのです。みんながホモ・エコノミクスを装うのは、たんにお金を十分に得て、反対のことができるためです。

RCh：どういう意味ですか？

DG：私は右派ポピュリズムに長らく惹きつけられていました。彼らにとって最も効果的だったと思われるふたつのスローガンは、「リベラル・エリート」と彼らが呼ぶ（実際に存在してもいる）ものへの反対と、「兵士を支えよ」というものです。このふたつはどう関係しているでしょうか？　一見何も共通点がなさそうですが、実際にはあります。彼らが「リベラル・エリート」と呼ぶものは、資源を豊富にもち、お金以外の価値の形態を追求するキャリアをもつことができるため、この吸血マシーンのようなものにならない人々です。そして、特定の階級の人たちがこの地位をいろんな手段で独占しているという感覚があると思います。教育と無給のインターンシップが大きな役割を果たします。そして、事実、もしお金だけでない何かのために働きたいと思ったら、それが慈善であれ、政治であれ、ジャーナリズムであれ、また、もし真実や美やアートを追求したいと思ったら、そう、最初の数年は何も支払われないのです。となると、ニューヨークに無収入で住まなくてはなりません。これは特権的な出自をもつ人でなければ、まったく不可能です。だからもしあなたがネブラスカのトラック運転手だとして、たとえば自分の子どもが裕福なCEOになるのは想像できるでしょう。それが難しいのは承知ですが、可能ではあります。でも、ニューヨーク・タイムズの演劇批評家になるとか、国際人権弁護士になるとかは想像できません。つまり一方では、排除への怒りがあるのです。そして、もし貧しい出自から世界に飛び出して、立派なことをして、それで収入を得たいと思ったら、どんな選択肢があるでしょうか？　基本的に、軍隊には入れます。つまり両者は同じことの表現なのです。最終的な欲望は、人間本性として、合理的な計算機として設定されたものの範囲内で行動しなくともよいということなのです。

TS：お見事です。「よくあるための余裕（afford to be nice）」をもつには、金持ちにならなければならないということですね。これはケインズ[＊4]が「わが孫たちの経済的可能性」というエッセイ[＊5]のなかで夢見ていたことです。そこで彼がとくに言っているのは「私たちの世代ではなく、孫たちの世代で、実際によくあるための余裕がもてるほど十分に豊かになるだろう」ということです。宗教的な用語までも使っています。「新人類（ニュー・アダム）」[＊6]と言っているのです。これは、アダム・スミス[＊7]から始まり、実際にはマルクス[＊8]にまでいたる古典派経済学者のある種の夢でした。資本主義は、私たちがみんな

＊4　ジョン・メイナード・ケインズ（John Maynard Keynes　一八八三―一九四六）イギリスの経済学者。新古典派経済学の理論を批判し、市場経済で不完全雇用が起こるメカニズム

豊かになるまでの過渡的なシステムであり、ケインズを引用すると、やがて「私たちは互いに邪魔し合うのをやめ」、経済学は「保全（メンテナンス）」科学となり、経済学者は聖職者であることをやめるでしょう。

DG：私が言いたいのは、まさしくそういうことのためにますます多くの人が苦労している、ということです。ひとつ例をあげましょう。オキュパイ運動の参加者が自分自身の写真をウェブページに載せ、彼女の生きた境遇の説明を書きました。彼女らの生活は仕事と負債と勉強とで回っていました。私が惹きつけられたことは、ほとんどの女性、約八〇パーセントの女性、そしてケア専門職の男性までもが、「人生で人に役立つことをしたい、人の世話をしたい」と言っている、その割合です。何らかの教育者や社会サービスの提供者などになりたいと。同時に彼らのほとんど全員が、もしホモ・エコノミクスになろうとしなければ、借金漬けになってしまい、自分の子どもの世話すらできなくなるだろうと考えていました。思うに、これが、彼らがオキュパイでキャンプ——ケア共同体のイメージ——をはり、それが革命的である理由なのです。以前であればそうならなかったかもしれません。私たちは着々と切り縮められ

を論じ、一九三〇年代の大不況下での経済政策に大きな影響を与えた。その後六〇年代までは、ケインズ経済学が主流の経済思想となり、経済政策の基調をなした。主な著書に『雇用、利子および貨幣の一般理論』（上下、間宮陽介、岩波文庫、二〇〇八年）がある。

＊5　宮崎義一訳「わが孫たちの経済的可能性」（『ケインズ全集第九巻　説得論集』東洋経済新報社、一九八一年）を参照。

＊6　前掲『善と悪の経済学』第九章の小節「貪欲の終わりという夢」三三二—三三五頁を参照。

ているという恐怖の感覚が人々のあいだで拡がっているために、それを乗り越える能力を求める戦いが起こるのだと思います。グローバル資本主義によって、ある面では、なぜこれが最善のシステムなのかという伝統的な議論がほとんど脇に置かれてしまいました。「それは大きな不平等を生むが、その下層にも「持続的な地位の向上」をもたらす。それは技術的進歩をもたらす……」という議論がますますなされなくなりました。そして議論は「他に可能なものはない」となったのです。これはある種の自暴自棄です。

TS：ある種の「歴史の終わり」ですね。悪いほうの見方ですが。私たちは自由の零度の状況に到達しました。これはあなたも聞いたことがあるはずのレトリックを当てはめているだけです。中国は自由に制限があり、インドもそうだが、私たちの自由にはそんな制限はないというものです。他方では、私たちは資本主義の積極的な面を認め、極度に批判的だと思われないようにしなければならないのです。

DG：それについては疑問もありますが、あなたがそういう理由はわかります。

＊7　アダム・スミス（Adam Smith　一七二三―九〇）イギリスの哲学者、経済学者。古典派経済学の理論体系を構築し、科学的な経済学の土台を築いた。その思想の核心には、金銀の蓄積を追求する重商主義を批判し、分業による物質的生産の増大こそが富の増大であるという、豊かさの概念の転換があった。マルクス経済学から新古典派経済学まで、後世の経済理論は、スミスの理論を継承発展させながら展開されてきたと言える。主な著書に『道徳感情論』（高哲男訳、講談社学術文庫、二〇一

魂を取り戻せ！──オキュパイ運動とシステムのゾンビ

TS：資本主義──あるいは民主主義的資本主義──が、上層階級にしか使えなかった贅沢品を世界中にもたらしたのは否定できません。教育、医療、年金、安全、技術、投票。もちろん、すべてがある程度はみせかけだけですが、それでもです。この点は言っておく必要があると思います。他方で、同時に問題もあることは認めます。そしてそれを述べるためにすでに使ったメタファーを使いましょう──ゾンビです。[*9]

RCh&DG：聞きましょう！

TS：ゾンビにとっての問題とは何でしょう？　その問題とは、あなたがゾンビになる恐怖と、あなたの愛する人、恋人、妻、子どもが実際にゾンビになる恐怖です。彼らはとても効率的です──どういうことかというと、彼らは食べるのと同時に増殖で

三年）、『国富論』（上下、高哲男訳、講談社学術文庫、二〇二〇年）。

＊8　カール・マルクス（Karl Marx　一八一八─一八三）ドイツ出身の哲学者、経済学者。ドイツの大学でヘーゲル哲学を学ぶも、大学教授とはなれず、ジャーナリストとして社会批判を続けるなかで、イギリスに亡命し、労働運動の指導者として影響力を発揮したほか、経済学の研究を大成させた。主著に、エンゲルスとの共著である『共産党宣言』（1848）や、『資本論』（一～三巻、1867-1894、二、三巻はマル

きるのです（これは私たち人類が到達していない効率性です！ 私たちは食事と増殖を別々にしなくてはなりません……）。ですから、私が思うに、今日のシステムについての問題——「このシステムは機能するのか？」、「この経済は機能するのか？」——は、「ゾンビは機能するのか？」と問うことと似ています。もちろんそれは機能します。しかし、私たちが望むような方向には機能しません。言い換えれば、魂のないシステムなのです。あなたが利他主義について話したときに、本の最後にかけてとてもうまく述べられていましたよ、デヴィッド。[*10] それは利己主義や利己心が地歩を拡大し始めた後に生まれてきたものにすぎません。私にとって、これはとても強力なイメージで、この見方でオキュパイ・ウォール・ストリートを解釈しました。人々は「魂を取り戻せ」と言っています。そして、おそらく二〇〇〇年にわたって魂を殺し、経済学を物理学のような科学にしようとし続けてきた後にあって、それは、私にとって、本当に重要なものです。しかし、問題はそれだけでなくもう少し込み入っているように思います。ゾンビのホラー映画の何が怖いのでしょう？ 怖いのは、とても効率的に動き、自分で増殖しようとし、アダム・スミスが（『国富論』とは別の著書で）[*11] 共感（empathy）と呼んだものをもたない身体です。そして、これが現在のシス

クスの死後に、エンゲルスの編集によって出版された）がある。マルクスの経済学は、古典派経済学を批判し、資本主義経済の搾取構造を明らかにしたものだったが、労働価値説を継承した点では共通していることから、ここでは古典派経済学とひとくくりにされている。

*9 前掲『善と悪の経済学』終章の節「魂のない肉体——ゾンビ経済学」四六五―四六七頁を参照。

*10 前掲『負債論』五六八―五七八頁を参照。

テムの問題だと思います。それは魂をもちません。よく機能しますが、望んだ方向にではありませんし、それは柔和さ、柔軟さ、緩衝帯をもちません。もし身体と魂が分離したら、ひとつではなくふたつの恐怖の対象が現れます。ひとつはゾンビです。それは理由もなしに襲ってきます（あるいは、ひとつだけ理由がありますが、そのほうがずっと恐ろしいです）。そして、もう一方は幽霊で、これも怖いです。これは襲ってきませんが、あなたを呪う〔責める〕のです。すべてのホラージャンルでは、霊が気を狂わせます。そして、思うに、これは倫理学と経済学で起きていることとまったく同じです。私たちの倫理的要求は肥大化して呪い〔責め〕となります。倫理学がより実践的であり過剰でないべきだとすれば、経済学がより冷徹ではないべきだとすれば、簡単に言うと、この「べき」、当為が身体の外にではなく中にあるべきだとすれば、この二重の困難は存在しないでしょう。しかし、私たちは精神的なことをあまりにも精神的に、技術的なことをあまりにも技術的に扱ってしまうのです、残念ながら。

＊11　アダムスミスは前掲『道徳感情論』冒頭で、「哀れみや同情(compassion)」といった情動を人間は本性として感じることを示し、この共感（sympathy）する性質を基に、社会秩序が形成されていることを論じた。なお、スミスはsympathyという言葉を一貫して用いており、empathyは使われていない。

第4章

汝は負債なれば、負債に還るべきなり[*1]

Chapter 4

You are debt and to debt you shall return

「負債」のメカニズム

ロマン・フルパティ（以下、RCh）：デヴィッド、現在のシステムで精神と身体を分離しようとしている例のひとつが、あなたによると負債です。負債は相対的に複雑な関係性を非人格化しようとします。これは、もしもシステムを変える、あるいは改善しようと思うなら、同様の概念やツールを再評価しなくてはならない、ということでしょうか。

デヴィッド・グレーバー（以下、DG）：負債というのは興味深い概念です。負債の心理的効果を理解するいちばんいい方法は、ホラー映画について考えることではないかと思うことがあります。つまり、ホラー映画のほんとうに恐ろしいところは、殺されることではなく、自分がモンスターに変えられてしまうことです。実際、狼男やゾンビ、吸血鬼など、いちばん恐ろしいモンスターというのはほとんどすべて、人間を自分らの一員に変えてしまうものです。とは言っても、彼らのうちでもお粗末な部類

＊1　「汝は塵なれば、塵に変えるべきなり」（『創世記』〔三 - 一九〕）を踏まえている。

にされるだけで、吸血鬼の立派な首領にされることはありません。しがない手下にされるだけです。そしてある意味、負債がおこなうのはまさにそういうことです。負債は経済人(ホモ・エコノミクス)となるように強い、すべてをある種の合理的計算に服従させます。資本家にされるのに、まったくの無一文なのです。そうなって何が楽しいでしょう？　そこで私が思うのは、そういう意味で、負債とは信じられないほど強力なメカニズムだということです。こういう規律をつくり出す必要と、それにしたがって行為せざるをえないことに対するルサンチマンが結びつくと、そこからとんでもない化け物じみたことが生まれる可能性があります。コンキスタドール[*2]について聞いたとき、この明らかに世界でも一級の暴力的な行動に人々を駆り立てたのは、ある種の心理的コンプレックスではないかと思いました。同時に、アメリカ経済、合衆国の政治経済もおなじく、利他的に行為する能力が最後の報酬とされているシステムだと確信しています。つまり、お金と安心を十分に手に入れた途端、人々は他者に優しくふるまうことに心を砕くけれど、それ以前の段階では決してそうはしない。そして負債はこの筋書きにおいてもっとも堅固な役割を担っているのです。

＊2　スペイン語で「侵略者」を意味し、十六世紀はじめに南北アメリカ大陸を征服したスペイン人、コルテスやピサロなどを指す。

トーマス・セドラチェク（以下、TS）：私はそれを主体／客体の逆転とよびます。負債に対する見方のひとつとして、それを「もう一杯の自由〔自由のおかわり〕」と考えることが可能です。お金を借りれば、より自由だと感じられるのです。この考えの背景には、負債はコントロール可能なものだという考えがあります。私が二〇〇万ドル借りれば、ベンツを買おうが、アフリカに送ろうが自由です。これはお金のよいところで、お金とは形態変換装置なのです。ペンを携帯電話に変えたり、思考をビルディングに、ビルディングを湖に、何にでも変えることができます。ですが、負債の問題というのは、それが過度になると——過度かどうかは利子率もかかわってきますが、とりあえず負債に集中しましょう——負債に隷属するということです。これは主体／客体の逆転の完璧な例です。つまり、はじめは人間が主体、負債が客体で、それを利用することで驚くべきことができ、スーパーマンになれます。でも、それを誤用あるいは濫用してしまえば、自身の負債の奴隷になってしまいます。これがギリシャの問題であり、ハンガリー、フランス、アメリカの問題です。民主政治は崩壊し、債権者の独裁にしたがうことになってしまいました。それを格付会社が代わりに行うこともあるでしょうが。問題はここにあります。過剰な自由によって私たちは奴隷になるのです。必要でも博愛心でもなく、過剰な自由によって私たちは奴隷となり、現在も奴隷の身分なのです。これが債務危機の背景にある全体的な考え方です。

利子は廃止すべきか否か

RCh：現在、利子や利子率といった制度は議論の的ですが、それは多くの強力な国家すら直面している負債のためだけでもありません。隷属の脅威から逃れるために、そういう問題について私たちに何かできることはあるでしょうか？

TS：この点については問題はずっと複雑になります。デヴィッドが彼の本のなかでいろいろと論じている考え、利子率を廃止すべきである、あるいは少なくとももっと注意して用いるべきだという主張から出発してみましょう。利子の全廃という考えに類するものはアリストテレスをはじめとして、旧約聖書、ヴェーダにすらあり、バビロンのハムラビ法典にもはっきりとあります。利子を全廃するか、一定期間で帳消しにしようというもので、その期間は四九年というものもあれば、七年というものもあります。

DG：その点はみんなが議論しています。私は七年だと思っていますが、そうじゃないという人もいます。

TS：私が言いたいのは、私たちはあきらかに私たちがコントロールできない何かに手を出していて、実際は、その何かのほうが私たちをコントロールしているということです。これが民衆的な神話やホラー映画、『マトリックス』のようなSF映画にもみられる根源的恐怖の大元です。私たちはAIに手を出してきました。自分たちに奉仕し、豊かにしてくれるよう計画して何かをつくり出したはずなのに、最後には、自分たちのつくったものの奴隷にされてしまうのです。わたしがいい方法だと思うのは、創世記の創造の行為をもう一度やりなおすことです。神が人間をつくったのは自分の楽しみか何かのためでしょう。自分の複雑性を増すとか、楽しみを増すとか何らかの理由です。でも人間は誤作動してしまって、今や神と人間のあいだに戦いが生まれているわけです。

負債の本質

DG：でも、ここは気をつけなければいけない点だと思います。あなたが説明したことは、まさに負債のイデオロギーだと思います。しかしそれは、負債が他のいろいろなことをきわめて効率的に行うのに役に立ってきた理由のひとつです。負債は私たちの自由をあらかじめ奪います。そして今、私たちは未来にむけてスローモーションで奴隷化することでそれを返済しているのです。それがまさに今起こっているのです。ちょうどコンキスタドールやコルテス[*3]について語ったとおりのことが実際に起こっているのです。これはまったくの真実です。彼は気が違ったように借り、豪華なパーティーをして、未来のことはまったく考えなかった。でも突如パニックに襲われ、国外に逃亡して恐ろしいことをしたのです。そういうことが起これば、それはとてもドラマチックな話で、私たちが負債の本質だと考えることに関してのちょっとした教訓

＊3　エルナン・コルテス（Hernán Cortés 一四八五－一五四七）アステカ帝国を征服したコンキスタドール。『負債論』第一一章にコルテスに関する記述がある。

劇になるでしょう。

しかし負債の歴史をみると、負債を負った人の多くは、そういう状態にならなかったことがわかります。負債を負った人々の多くは不作に遭った農民でした。でもその結果、先のような話が頭に入っているので、負債は、ほとんどすべての暴力的な構造的不平等の関係をつくり出すこれまでもっとも効果的な手段となるとともに、不平等をモラル化し、まるで犠牲者のせいであるかのようにみせかけるのです。アイルランドのように「みんなでパーティーをしていたんだ」、だから「今はその支払いをみんなでしなくちゃならない」、こういったレトリックはおなじみです。ギリシャはとくに奇妙で、私の知るかぎり、ギリシャの労働者たちはずっと、危機以前ですらドイツ人よりも長時間働いていたのです。実際、最大の金の使途は軍艦やある種の軍事的な冒険主義でした。したがって、わたしにとって、負債の本質は、それが信じられないほど強力なレトリックとなるというところにあります。この道徳のテンプレートはこういうのです。「人間はつねにより多くを欲しがる。だから、いつもみずから惨状を招くのであって、それは自身の過ちだ」と。

そこでグレーバーはコルテスを「分不相応の暮らしをつづけ窮地におちいり、むこうみずな賭博師のように一か八かの大博打を決断した」と評している（前掲『負債論』四六八頁）。

TS：たいへん興味深い話です。同感です。負債には投資負債、これは「余剰負債」と言っておきましょう、そして社会的負債があります。問題はこの二者がほとんど区別できないことです。ギリシャのケースはどちらの負債にあたるでしょうか？　また、ＩＭＦの貸付は投資貸付なのか、それとも社会的貸付でしょうか？

DG：決定的な違いになるのは、誰にどんな状況で貸し出されるかということです。だから、最終的にはいつも力関係の問題になります。もしもギリシャがアメリカの一部で、もっと戦艦をつくるために借金をしているとすると、困ったことになるのは貸し手のほうで実際、彼らは困っています。最終的にものをいうのは広範囲にわたる権力構造です。今、日本や中国がアメリカに投資をしています。これは社会的投資なのか戦略的投資なのか、見分けるのは困難です。

貨幣と数値化の問題

TS：それを同じもののようにみせてしまうのが貨幣、あるいは数字のよいところでもあり、悪いところですね。だれかが事例研究をもってきて、一人を殺すか一〇〇人を殺すかどちらかを選べとたずねたら、すぐに「一人を殺す」と答えるでしょう。これは簡単です。でも、そこで物語を始めると、たとえば、あるお城に乙女がいて、そこにドラゴンがやってきて町を救うために乙女を差し出すよう要求するとか、そうすると突然コンテキストがはっきりします。ジョークというのはどれものごとをコンテキストから切り離すものですが、数字もそれができるのです。『銀河ヒッチハイク・ガイド』の四二というジョークがあります。[*4] 人生の意味、そして万物の究極の解答が四二だというんです。そして最悪なのは、これが実際、正しい答えだということです。それのどこがジョークかわからないだけなんです。なぜならコンテキストがわからないからです。経済学がやったのはそういうことです。私はマクガイバー経済学[*5]と呼んでいます。なんでもつくってしまうのですが、実はそうみえるようにあらかじめ

＊4　イギリスの作家ダグラス・アダムのSFシリーズ。邦訳は『銀河ヒッチハイク・ガイド』（安原和見訳、河出文庫、二〇〇五年）。

現実のプロセスが操作されていて、最後に希望がかなうようにしてあるのです。「あ、ビニール袋がいる。お！　ここにあるじゃないか！　これが必要だったんだ」こうして創意工夫ですべてはうまく収まることになる。この目にみえない、言うなれば「市場の手」の背後にはすべての運動をつかさどるさまざまな制度の領域があることを私たちは忘れています。そしてこれが利子率の問題です。利子率に基づく融資（interest rate lending）に対する代替案として利潤分配率に基づく融資（profit share lending）が取り上げられるのも、そういう理由からです。この方法だと物語のほうにはるかに大きな関心をもつ必要があるために、もちろん貸付業務（バンキング）は鈍くなります。[＊6] いろんなことに注意しなくてはならないからです。これは恐慌を読み解くひとつの方法かもしれません。私たちは数字に頼るあまりコンテキストを見失ってしまったのです。

DG：私たちが数字に頼ってきたのは、数字は信頼や透明性、アカウンタビリティといった必要とされる問題を扱わないで済むようにしてくれるからです。なんで利子率が考え出されたのでしょう？　そのいちばん最初のことを想像してみます。一番いい筋書きを思考のなかで再構成してみましょう。ある寺院があったとします。実質的に

＊5 『冒険野郎マクガイバー（MacGyver）』はアメリカのTVドラマ（一九八五―九二年放映）。手近にあるものをアーミーナイフで加工して数々の危機を切り抜ける。

＊6 現在行われている融資のように、貸付額に契約した利子率を加えて返済するという形式ではなく、借り手の事業の業績に応じて、利子の額を変動させながら返済するという形式。貸し手は借り手の事業に無関心ではいられなくなるため、より両者の関係性は深まる

ことが見込まれる。現在のところ、このような融資が実際に行われている事例はないようである。

それは毛織物の衣類工場で、彼らは品物を商人に渡します。その商人は配下の業者か代理人で、遠くの国に行って品物を売ります。そこで彼らは商人に品物に利子をつけて前貸しします。おそらく、商人たちは信用されておらず、そんな遠い国で何が起こったか、正直に話したりはしないと思われていたからです。実際、本当のところを知る術はなかったのですから。古代の商人に関する文献をみれば、信じられないほら話だらけです。「金はどこからやってくる?」「巨大なアリが掘り出すのさ。次にはこのラクダをおくらないと……」といった具合です。貿易をしようとすると何が起こるのか、それについてはこういった手の込んだ嘘がいっぱいあるのです。そして、それに対する答えが利子だった、というのがありそうな話じゃないでしょうか。

TS:ええ。今日にいたるまでまさにそんな感じです。これは私のもっとも親しい隣人、私の携帯電話です。私はつねにこれをいじって、これと眠ります。これなしでは十五分と生きていることはできませんが、誰がこれをつくったのかは知りません。コンテキストを知らないのです。そういうことはつい最近みられるようになったことではないでしょうか。ほんとうはみんなコンテキストに興味があります。「このダイヤモンドには血がついてないだろうか?」とね。それはミーゼス、ハイエク[*7]的なイデオロギーに反するものです。彼らのイデオロギーでは、数字だけで間に合う、資源を最適配分するのに必要な知識は価格だけです。実際、これは人々を奴隷、あるいは債務奴隷にする唯一の方法で、ナイフで切りつけて、途方もない暴力を使って(これはあなたの本の引用です)[*8]、社会的なコンテキストを剝ぎ取ることによってそうするのです。彼は誰の子どもでもなく、誰からの恩も受けていない。ただひとつの例外は、生きているのは主人のおかげ、債権者のおかげだ、ということです。これは他の人間を非人間として扱う唯一の方法です。数字を利用するのです。

第二次大戦のことを振り返ってみましょう。私は人類学が好きですが、これは人類学の歴史の暗黒面です。頭蓋骨の外周を測定して数ミリの違い、その数字によって人間の地位が奪われることがありました。とても興味深いことですが、こういうことが起こったのは、私たちが、科学が人間と動物の共通点を探そうとしたのと同時期のことでした。染色体や骨格のほんのささいな細部をみるだけで、「オーケー、私たちは動物にとても近い」と言えたのです。なのに、なのにですよ、私たちは赤毛の人とはとても隔たっている、というわけです。ジプシーとか、ユダヤ人とか。

＊7 ルートヴィヒ・フォン・ミーゼス(Ludwig von Mises 一八八一—一九七三)、その弟子フリードリヒ・フォン・ハイエク(Friedrich von Hayek、一八九九—一九九二)はいずれもオーストリア出身の経済学者。社会主義計画経済やケインズ主義的裁量政策に対して自由市場経済の優位性を主張し、新自由主義の思想的基盤を築いた。彼らの主張の重点は知識や情報の分散性にあり、それを社会的に有効に活用するには、自由市場で価格をバロメーターにして個人が利益を追求することが最善だとされる。

DG：あるいは犯罪者傾向の人間や、アイルランド人とかですね。たしかにおっしゃるとおりです。私は人類学者にいやがらせをするのにいつもこう指摘します。二〇世紀の人類学博士でいちばん有名なのは誰か知ってる？　ヨーゼフ・メンゲレ[*9]だよ、と。彼は実際、訓練を積んだ人類学者でした。最近似たような方向がありますが、それを私がいかがわしく思うのはそのためです。ものごとを物理的に数値化するという形態ではありませんが、人間を相対主義的に見る傾向があります。「人間それぞれの世界は調停不可能なんだ。調停しようとしてもどこからも手をつけられやしない」。これは古典的な人類学を拒絶するひとつの方法でしょう。でも同時にこうも言うのです。「知ってるだろう。椅子と病原菌が行為主体（アクター）になることだってあるんだ[*10]」と。

負債のモラリティ

TS：アインシュタイン以来、時間と空間は絶対的相関にあるということを私たちは

*8　前掲『負債論』第六章「性と死のゲーム」及び第七章「名誉と不名誉　あるいは、現代文明の基盤について」を参照。

*9　ヨーゼフ・メンゲレ（Josef Mengele　一九一一―一九七九）ナチス親衛隊員の医師。アウシュヴィッツ強制収容所でガス室行きの人間を選別、数々の非人道的実験を行った。

*10　科学人類学者・哲学者ブリュノ・ラトゥール（Bruno Latour　一九四七―　）のアクター・ネットワーク論（Actor Network Theory）と彼の仕事を念頭に置いたも

知っています。でも経済学ではマーケットを介さなければ二人の個人が関係することはないのです。個人は一種のアトムのようなものに還元されます。アトムは相互に反応するのでアトムそれ自体よりもアトム的だと言えるでしょう。

DG：でも先ほど話をしたコンテクストの喪失には奇妙な道徳性があります。私はあらゆる非人格的関係をただ拒絶しているとよく非難されますが、そういうわけではありません。私がほんとうに示そうとしているのは、非人格的関係などというものは存在しないということです。合理化された人間関係というのはあります。でもそこで何らかの人格的なものがつねに運ばれているのです。だから、人々を彼らのコンテキストから引き剥がす制度をつくるには、数学と暴力を一定の仕方で組み合わせる必要があるのです。しかし、そのシステムに魂を吹き込む要素がひとつだけ、つねに残っています。ゾンビを操る要素と言ってもいいでしょう。ゾンビは死んでいますが、何かを欲しがります。そうでなければゾンビではありません。そしてこの場合、欲しがるのは脳〔理性〕です。するとゾンビは一個のモノに切り詰められるのです。血とか脳〔理性〕などに。官僚制にしても経済にしてもそういうもので、市場の構造は、人間的

のと思われる。ANTでは、人間と非人間は、主体と対象といった主客的な関係ではなく、あくまでも同じactor（行為主体）として、対称的に扱われ、これらのアクターの間の複雑な結びつきを通して、科学的知識が生み出されるとする。『科学が作られているとき』（川崎勝・高田紀代志訳、産業図書、一九九九年）では、ルイ・パストゥールによる乳酸酵母菌の発見について、ANTの手法を用いて分析している。

な要素を切り詰め抑えつける合理化されたシステムを創出すべく意図してつくられた制度のように思えます。

TS：そのとおりですね。私はそれがギリシャに関する議論の核心だと思います。ギリシャはひとつの家族でしょうか？　それとも市場でしょうか？　家族のひとりが足を骨折したら、駆け寄って助けますよね。でも行きつけのパン屋が足を折ったとして、他のパン屋に行く人を責める人は誰もいないでしょう。興味があるのはパン屋にではなくて、パン屋が焼く品物だからです。これはマルティン・ブーバー[*11]が我と汝の関係と我とそれの関係の違いだと言ったものの好例でしょう。市場はある意味で、こういった我とそれの関係を意図的につくり出すようにみえます。

DG：ええ、まさしく。そのパン屋の例は素晴らしいと思います。私が自分の著書〔『負債論』〕で示そうとしたことのひとつは、そういう関係はつくり出されなくてはならなかったということです。それはモラルにかかわるプロジェクトでした。アダム・スミスはなぜはっきりとそう結論しなかったのでしょう？　彼は人々が取引する

＊11　マルティン・ブーバー（Martin Buber　一八七八―一九六五）オーストリア出身のユダヤ人思想家。その著作『我と汝』（岩波文庫、植田重雄訳、一九七九年）で、近代科学にみられる、観察する精神と観察されるモノの関係（「我-それ」関係）に対し、人格

（trade）ようになると、不便が生じて貨幣を発明することになったと言いました。でもそうですね、たとえば私にお隣さんがいてその牛が欲しい、でもお隣さんは私の鶏を欲しくないとしましょう。彼はとにかく私に牛をくれて、後は待つでしょう。隣人に貸しがあるというのはよいことです。経済学が貨幣の起源について語る話では、誰もつけ（クレジット）を利用しない、隣人にすら利用しないと想定されています。そこでスミスは有名な肉屋とパン屋の例えをもち出します。彼は、自己利益（セルフ・インタレスト）という語ではなく「自己愛（セルフ・ラヴ）」というアウグスティヌス[*12]の用語を実際に使ってこう言います。「私が夕食を期待できるのは、肉屋あるいはパン屋の慈愛よりも、彼らの自己愛からである」[*13]。彼らの自己愛、自己利益の感覚です。だが同時に、スミスの時代にはそれはまったくの真実というわけではありませんでした。実際、誰もがつけで何でも買っていたのです。パン屋が骨折したときにそれでもパン屋に通い続けるとすれば、パン屋があなたを信頼しあなたがパン屋を信頼しているからです。簡単に言えば、かかわりあいがあるということです。

RCh：今ではそんなことはまったくなくなりましたね。すくなくとも西欧では。何が

間の「我-汝」関係の重要性を説いた。

＊12 アウグスティヌス（Aurelius Augustinus 三五四―四三〇）中世初期の代表的キリスト教哲学者。主な著書に『告白』（I～III、山田晶訳、中公文庫、二〇一四年）、『神の国』（全五冊、服部英次郎・藤本雄三訳、岩波文庫、一九八二―一九九一年）など。

＊13 「われわれが食事

変わったのでしょう？

DG：このモラルにかかわるプロジェクトによって、ただ店に入って、知らない誰かにいくらかのトークン（引替券token）を渡し、欲しかったものをもって店を出るということが可能な状況がつくりだされたのだと思います。こういった硬貨をつくるのは実際、物理的には信じられないほど困難なことでした。この種の関係が実際に可能になる以前に、何百万もの小さな金属片をつくらなければならなかったのです。そうでなければ、店でつけ買いするか、店のつくった小さなトークンを使わなければならなかったでしょう。もちろんこのトークンは他の店では使えませんでした。こうして負債なきユートピアが創出され、そこで私たちは道徳的に孤立した個人になることができました。人々はコンテキストから引き剝がされたというより、自分自身をコンテクストから引き剝がしたのです。これは特殊な時代の特殊な社会階級のためのごく特殊なモラルにかかわるプロジェクトだと思います。そしてこれが目下、世界を席巻しているのです。

を期待するのは、肉屋や酒屋やパン屋の慈悲心からではなく、彼ら自身の利害に対する配慮からである」（『国富論（1）』水田洋訳、岩波文庫 二〇〇〇年、三九頁）。ここには自己愛と自己利益の言い換えはないが、次の文では以下のように述べられている。「われわれが呼びかけるのは、彼らの人類愛にたいしてではなく、自愛心にたいしてであり、われわれが彼らに語るのは、けっしてわれわれ自身の必要についてではなく、彼らの利益についてである」（前掲同）。

市場の端っこで起きていること

TS：そして、これは今、自然なことのように思えますが、当初は自然なことではありませんでした。私が言いたいのは、今でも私たちのかかわりあいのほとんどは、今日にいたるまで共同体主義的（コミュニタリアン）なものだということです。この種の考え方をみつけるのは難しくありません。実際、お互いがかかわりあう支配的なスタイルです。これは今なお存在していて、このオルタナティブは友情とか家族と呼ばれます。友情と家族では、私たちはわざわざ多くの労力やお金を費やしています。まるで労力もお金もかかってないようにみせながら。これは、私たちがチップを払う理由だと思います。結局のところ、私たちはこうして正確さと戦っているのです。レストランが、私たちに食事を振る舞ってくれているようなふりをするのです。スロヴェニア語では実際、パブは pohostinstvi と呼ばれていて、これは「サービスの家」あるいは「あなたを気にかけてくれるだれか」という意味です。そこでお店のほうはあなたのことを気にかけているかのようにふるまい、あなたはお金を払ったりしていないかのよう振る舞います。請求書がやってきたときにいつも気まずい感じがするのはそのためです。私たちがほんとうにホモ・エコノミクスで、たとえば今から二時間後に請求書がやってきたら、わたしは「君払えよ」と言うべきでしょう。そしたらあなたのほうは、「いや、君が払えよ」と言うでしょう。実際には、私たちは正反対のことをします。私は「私が払うよ」と言って、あなたも「いや、ちょっと待てよ」みたいなことを言うでしょう。

私たちは贈り物から値段を消すのにたくさんの時間とお金をつかいます。ジャックダニエルが一本いくらか、みんな知っているというのに。正確だとかえって問題になるのです。あなたが私のカウチを動かすのを手伝いに来てくれて、二時間後に私が「どうもありがとう。ほら二三八ユーロ。とっといて」と言ったらそれはひどい侮辱です。でももし二六〇ユーロする素敵な夕食に招待すれば、侮辱したことにはならないでしょう。

DG：そのとおり。それこそ、マルセル・モース[*14]が『贈与論』で論じていることです。自由市場を信奉する経済学者で、そのキャリア全体をつうじて人々はそういうふうに

＊14　マルセル・モース（Marcel Mauss 一八七二—一九五〇）

は行動しないと議論してきた者ですら、あなたが彼を食事に連れていったら、自分もあなたを食事に連れていかなければならないと感じるのは、このためです。

TS：そしてその場合、肝心なことは、それが義務のようにみえてはいけないということです。それが義務のように感じられ出したら、やり直さないといけない。こういう申し出はなされなくてはならないものですが、同時に断られなくてはならないのです。それが、私たちみんなが踊っているダンスのルールです。

DG：お気に入りの例があるんですが、これについて経済学的分析を加えてみたいと思います。何人かの友達とビーチに向かって車を走らせている途中、ベーグル屋に寄りました。私たちは一箱買ってあったけれど、そのベーグル屋のもののほうがずっとおいしそうでした。そこでコーヒーを飲んでいると、店ではちょうど揚げ油の交換中でした。店の人とおしゃべりを始め、しばらくして私が言います。「ああ、残念だな。もうベーグルを買ってあるんだ。でもおたくのベーグルは本当にできたてのようだね」。店の人が言います。「二時間ほど店を閉めるんだけど、ベーグル二〇個五ドル

フランスの文化人類学者。主著『贈与論』（森田工訳、岩波文庫、二〇一四年）で、市場の交換とことなる贈与関係の意義を説いた。グレーバーは「惜しみなく与えよ——新しいモース派の台頭」（『民主主義の非西洋起源について』片岡大右訳、以文社、二〇二〇年所収）および『価値の人類学理論に向けて』（以文社、近刊）で、モースについて論じている。

でどう?」私たちは「ああ、それはとっても魅力的だけど、もうベーグルはあるんだ。そんなにはいらないよ」とかなんとか。お店の人はこう言います。「それなら、いいからもっていきな」。私は言います。「ほんとに? いやあ、それならほら、五ドル払うよ」。そしたら店の人はこう言います。「ああ、それならもう二〇個もっていきな!」

TS:それは市場の端っこで起こることですね。完璧な例だと思います。営業時間が終わり近くになって店じまいしだすと、市場の端っこに出くわします。そういうことが一週間前にありました。私は小さな夏の別荘をもっていて、小さな庭があります。でも手入れする時間がありません。そこで地元の羊飼いと取引きしました。「ここに羊を放してくれないかな。そしたら君は羊に草を食べさせてやれるし、私は草刈りの手間が省ける」。彼はやってきて私に言いました。「庭にたくさん枯れ枝が落ちていたけど、集めておこうか?」私はイエスと言いました。私は歩き去りながら考えました。「あれ、ひょっとして彼にいくらか支払ったほうがいいのかな? それとも彼が私に支払うべきなんだろうか?」つまり私は勝手を知らない市場に入り込んだわけです。私はその地域の習慣、地域のコンテキストを知らなかったのです。あなたの例と同様、どちらの側も支払いを期待しているかもしれないという状況です。そこで私は彼のところに戻ってこう言わなければなりませんでした。「オーケー、ぶっちゃけて言うよ。私が支払うべきなのかい？　それとも君がその枯れ木をもっていくとして、君が私に支払うべきなのかい？」結局、私たちはどちらも何も支払わないということで合意しました。私が言いたいのは、価格は慣習であって、その慣習を私は知らなかった、ということです。

第5章

システムの（不）自然さについて

Chapter 5

About the (un) naturalness of the system

資本主義というシステムに強制される富裕層

ロマン・フルパティ（以下、RCh）：私たちは卑屈（vulgar）になりたくなくて、システムの命令に反抗し、避けて通ろうとします。そうやって支配的な構造を拒否し、あるいは少なくとも侵食しています。しかし、それにもかかわらず種々の構造はそのまま存続しています。これは、先に言われた「オルタナティブはない」[*1]という確信のせいだけなのでしょうか？

デヴィッド・グレーバー（DG）：一パーセントというのが、富が権力となるポイントです。統計によるとこの一〇年間、経済成長をほんとうに経験したのは人口の上位一パーセントだけです。それればかりか、すべての選挙キャンペーンでの寄付の九五パーセントは彼らによるものです。つまり問題は、これらの人たちがお金を稼ごうと立ち回っていることではなく、お金を権力に変えようと立ち回っているという点なのです（多くの人が言っていますが、実際に采配をふるっているのは一パーセントどこ

＊1　英国首相マーガレット・サッチャーが一九八〇年代に新自由主義改革を断行した際のスローガン。

ろか、上位〇・〇一パーセントより上の人たちです）。しかし私の考えでは、現在の秩序でもっとも興味をそそる点とは、これまで話してきたような非人格的なメカニズムが創造されたということで、システムを動かしている人々ですらこのメカニズムの規律に従っているのです。このメカニズムが市場のレトリックによって不安定さを増大させています。市場のレトリックは想像力を破壊し、状況を変えられるような道理のある対案をどんなものであれ掘り崩します。しかしそれは彼ら自身にはね返ってくるのです。ここにいるのはフランケンシュタインです。実際には、こういった非人格的なさまざまなメカニズムがシステムそのものとなったのです。たいへん印象深かったことですが、五、六年前に企業のCEOのグループがジョージ・ブッシュに手紙を書きました。その要点はこういうものです。「ボランタリーな方策による地球温暖化問題の解決を私たちに期待してもうまくいきません。信じてください。私たちはCEOなのです。私たちが必要とするのは政府による排出量などに関する何らかの規制です」。実のところ、この手紙はこう言っているわけです。「猫を殺す前に私を止めてくれ」と。「私たちは自分たちのつくったシステムの論理に完全に縛られている。つまり、私たちは特定の仕方で行動する他なく、それが究極的には社会に破局をもたらすことを私たちは認める。私たちの利益を子どもたちに手渡すために地球を必要とするが、私たちは地球を破壊しようとしている。お願いだ。止めてくれ」。人々は一種の非人格的なメカニズムをつくり上げ、それはたいへん破壊的な効果を発揮しています。そこで政府にもうひとつ別の非人格的なメカニズムをつくって、自分たちの行動を止めてくれと頼んでいるのです。だれかシステムを動かしている人間がいるとしたらそれは彼らなのですが、この話は、物事がどのように起こっているかを教えてくれます。私の知るかぎり、もっとも啓示的な話だと私は思います。こうしたシステムをつくった人々は多くの点で、いちばんシステムに強制されているのです。これはとても強力な兆候ではないでしょうか。

RCh：「誰かがシステムを操っているのだとしたら」とおっしゃいましたね。それはつまり、伝説のフランケンシュタインのように、システムは既にコントロールから逃れて、それ自身、事実上の生命をもって動いている、そう考えているわけですか?

DG：私の友人にロックフェラー家の一員がいるんですが、信じられないほどのお金持ちの大多数は、自分が馬鹿に見えないか心配しながら生活の大半を送っていると教えてくれたことがあります。大事な行事で間違ったフォークを使ったり、金持ちとしてはあまり適当と言えない服装をしたり、そして、金持ちであるとはどういうことか教えてくれる、いろんなアドバイザーを雇うんだそうです。もしも誰かのせいだというなら、彼らのせいなんですが、彼らもその全生活を恐怖のうちに過ごしているのです。権力のある人たちは、なぜ彼らの富と権力が究極的にみんなの利益になるかを、彼ら自身が信じ込むまで四六時中説いてくれる人間からなる巨大な組織をつくる傾向にあります。同時に、そうする必要が彼らにとっての強制となるのです。現在ドイツでは、彼らのつくり上げたイデオロギー的なレトリックがあまりに効果的で、彼らに対してすらも強制的にはたらき、結果、EUを破壊しそうになっています。このように、システムはそれをつくった人たちの手中にある、それは一面の真実ですが、他方、それはまったく真実ではないのです。

RCh：言い換えると、現在のエリートたちはシステムの運命、私たちみんなの運命をコントロールできていないと……。

DG：そのとおり。これは疎外の典型例です。思ったとおりのシステムをつくったら、そのシステムに強制されているように思えてくるのです。しかし皮肉なのは、それが底辺の人にもトップにいる人にも起こるのです。そういうシステムの長期的な生存能力に関心を寄せる人はごくわずかです。そういう人は私に話しかけてきます。そしてそういう人が私に話しかけてくるということは、彼らは絶望している、ということを示しています。

RCh：エリートの多くはシステムのなかに生まれ落ちたために、彼らは魂のない何かによってつくられた存在だということ、彼らのおじいさんかひいおじいさんのつくったシステムにつくられた存在だということに気づいてないのではないでしょうか？世襲しただけの権力をもつ政治家やビジネスマン一家がおおぜいいますよね。

DG：ある程度は、おっしゃるとおりです。彼らのつくったメカニズムは広範囲にわたり不安定で、その代償としてある種の保守主義をつくり出します。でも、彼らは自身の地位をイデオロギー的に正当化する制度もいろいろつくり、彼らは相当程度、それを信じ込んでいると思います。

システムは自然か、それとも不自然か

TS：ロマン、ここで私たちの本『経済人の黄昏（ホモ・エコノミクス）』[*2]にも書いた話をもう一度取り上げたいと思います。問題はだれがそう言ったのか、ということです。これは創世記での神の人間に対する第二の問いです。第一の問いは、どこにいるのか？　ですが、これは言い換えると、「一体全体、お前はどこにいるんだ」〔創世記（三－九）〕で、第二の問いは「一体全体、だれがおまえたちは裸だと言ったんだ」、です。たしかに私たちはそれを知る必要がある。でも、これはとても難しい問題です。ギルガメシュ叙事詩でエンキドゥが理性を得ると動物は逃げ去ってしまいます。[*3]言い換えると自然が、彼の本来の（自然な）自己が逃げ去り、すると彼は服を着なくてはいけなくなり、ビールなどに対する人工的な欲望を抱くようになるのです。エデンの園の話でも、お

＊2　本書「訳者解説」を参照。

＊3　前掲『善と悪の経済学』第一章の節「飲み物を飲みなさい、それが国の習いなのです」三七

なじようにして人間は服を着るようになります。なぜか？　自然の状態〔裸〕だと不自然に感じるからです。私は、これがある意味で経済がかたちづくられる瞬間だと思います。私たちは自然に不自然になったのです。私たちは不自然なほうが自然に感じるようになります。つまり、服を着るようになるのです。私たちがここに裸で座っていたら、とても不自然な感じがするでしょう。

―四二頁を参照。

DG：そう思います。

TS：まさにそこにごまかしの積み重ねがあるのです。私たちは自然ではいられない。これは心理学的にも哲学的にも真理だし、自問してみても真理です。何度も聖書をひいて恐縮ですが、この部分はとてもうまいことを言っています。放蕩息子の寓話〔ルカの福音書（一五：一一－三二）〕の美しいくだりです。息子は父から離れ、家を出て、そこで「我に返る」（一五：一七）のです。ここですぐに疑問がわきます。「我と我のちがいは何だろう」と。哲学的とは言わないまでも、正確に考えるとすると、自分に返ることがどうやったら可能でしょう？　私が私と一緒にいないとしたら、私はどこにいるんでしょう？　神の名は「私は私であるものだ」〔出エジプト記（三：一四）〕ですが、人間の名前は「私たちは私たちでないもの」だと思います。そして、私たちは私たちが何者であるかを教えてもらうために経済を必要とするのです。エデンの園のお話でのように、私たちは寒かったから服を着たのではなく、私たちは服へと外部化されているという内的な感覚のためにそうしたのです。

第二に、あなたにそういうことがあるかわかりませんが、私には実際、よくあることです。お茶か何かを電子レンジであたためるとします。なかに入れて適当に時間をセットします。それでチン！　という五秒前にレンジを開けるとなんだか悪いことをした気がするんです。まったく馬鹿げた、つまらないことですが、私たちの心理はそういうものではないでしょうか？　ここでまたシステムの話になりますが、システムというのは、いつも悪いことばかり言うわけではありません。たとえば昨今、システムは「人種差別をするな」と言います。これはいいことですよね。システムは「エコであれ」とも言います。これはいいことです。

DG：それは完璧な例ですね。たしかにシステムは個人に「エコであれ」と言います。

でもシステムはこうも言います。モラルは個人の身近な行為に適用されるもので、経済とみなされるものには適用されない。そこでは、利潤をあげよという命令が正当化されます。そしてシステムはこう言います。私たちは、そういった場所では道徳的であることがほぼ不可能であるようなメカニズムをつくるべきだ。なぜなら株主に対してしか責任を負っていないからだ、と。

TS：たしかにそのとおりです。私が言いたかったのは、「システムはつねに間違っている」と言えるほど話は単純ではないということです。システムはたまにはまともなことも言います。ある意味、それはハリウッド流のポップな倫理の犯す誤りに似ています。『スター・ウォーズ』でも『マトリックス』でもなんでもいいですが、合理的になるな、システムに刃向かえ、心の命じるままに行動しろ、感覚にしたがえ、といった教えです。でもいちばんのごまかしは、こういった映画が感情を支配するということです。ですから、こういう考え方すら真正なものだとは言えません。純粋に湧き上がるものが何もないのです。どんな欲望にも少しだけ恐怖が混ざっていて、どんな恐怖にも少しだけ欲望が混ざっています。これが、なぜホラー映画を楽しむことができるのか、なぜ恋に落ちることを怖がるのか、なぜ良いものであれ、悪いものであれ「崇高なもの」を経験することを恐れるのか、ということの理由です。崇高なものとは、楽しみの生じる時空の持続を妨害あるいは破壊し、唯一無二のものをつくり出し、理解することができないままに生のすべてをそこへ磁石のように引きよせるのです。

RCh：私たちは自分を縛る鎖を取り除きたいと思う一方で、コントロールされたいとも考えている、あるいは誰かに特定の方向に導いてもらいたいと考えている。これはパラドックスですね。

TS：まったくそのとおりです。

欲望と価値

DG：たしかに一定の状況ではそうだと思います。でも、その欲望というのはコントロールされたいというものでしょうか？　それとも、何がルールかはっきりと知りたいという欲望でしょうか？　私たちがそれほど恣意的なコントロールを好むと私は思いません。ルールとゲームのユートピアの話[*4]で言いたかったのはそういうことでした。私たちは、何が起こるか正確にわかり、何がルールか正確にわかる状況を好みます。なぜなら現実のあらゆる権力はそういう恣意性の位相をもち、ルールの順序を変更して混乱を引き起こすものだからです。権力とは何かというと、基本的にどのルールを適用するか、ルールをどう解釈するかを決定するものです。こいつを取り除いてしまえば、ルールも気持ちのいいものになるし、コントロールされることも気持ちのいいことになるでしょう。

TS：それはたとえば、自由や愛でも同じことでしょう。自由な意思決定の本質とは

＊4　ルールとゲームのユートピアについては前掲『官僚制のユートピア』の「3　規則のユートピア、あるいは、つまるところ、なぜわたしたちは心から官僚制を愛しているのか」、とりわけ二七〇―二九二頁を参照。

なんでしょうか（ここではあえて論争になりそうな指摘をしたいと思います）。自由な意思決定の本質というのは、自分なりの方法と理由で掘り下げていって、他にはどうすることもできないような岩盤あるいは土台にたどりつくことではないでしょうか？　そこに本当に自分が決断したと感じられることがあり、実際、自由な決断のプロセスというのは「そうだ、こうしなくてはならない」という地点にまで達して、自由を取り除くことではないでしょうか？　奴隷と自由人の違いは、奴隷はしたいことをするのに対して、自由人はしなくてはならないことをする点にあります。このことを心理学的に考えると、とても興味深いことを発見します。今日、自由のためなら最後の血の一滴まで戦おうとしますが、一般的な言葉遣いでは、「～したい（want）」と「～しなくてはならない（must）」はよく置き換わります。たとえばバーにいて、遅くなってうちに帰りたいとき「うちに帰らないといけない」と言いますね。言い換えると、それは何かの奴隷になっている、ということです。「これは買わないといけない」というのは、それを買わないではいられないということです。「何なりとお望みに従います」という言い方をしますね。[*5] システムの問題に答えようとするとき、これはどういう意味をもつでしょう？　私の欲望はいかに私を奴隷にし、そうしなければ

＊5　ディズニー制作のアニメーション映画『ア

ならない、そうする以外のことはできない、と思わせるのでしょう？　これは愛についても言えることです。私たちはある意味で、コントロールをやめたいと熱望します。所有されたいのです。ロマン・フルパティという個人とか、デヴィッド・グレーバーという個人を取り去って、自分のコントロールなしに動く合理性を採用するのです。このあたりにシステムの謎めいたところ、あるいは欲望することへの欲望の謎めいたところがあらわれているように思います。これを欲したいと願う、でも実際にそれを欲したいと思わないことを欲している。私は近所を毎朝ジョギングしたいと欲していません。私は欲することができればいいなと思ってはいますが。でも実際はそう欲しないことを欲しているのです。こういう衝突が社会的な次元でも起こっている。実際、政治も市場もそういうものなのです。

DG：ある定義によると、価値とは欲望ではなく、欲するべきだとほんとうに思っていることだ、と言えます。

TS：そのとおり。これはとても複雑です。これはキリスト教の核心だと思います。

ラジン』（一九九二年公開）の原作にあたる『千夜一夜物語』中の「魔法のランプ」に登場する魔人ジーニーの台詞。直訳すると「あなたの希望はわたしにとっての命令です」。

イエスが山上の教訓で言ったことです。「殺すな」ではなく、「殺そうと欲するな」なのです。でも、欲望をどう扱えばよいのでしょう？　いろいろな道徳の学派はみな行為に焦点を置いてきましたし、哲学もそうです。仮にあなたが私に何か悪いことをして、私があなたを殺したいと思うとしましょう。どうやったら私はあなたを殺したいと欲することをやめられるでしょうか？　あなたを殺すことはやめられます。でも、そう欲することはやめられるでしょうか？　これは宗教の枠組みにも、哲学の枠組みにも入らない問題です。

DG：それこそまさに、哲学と宗教の対象がほんとうは区別できない点です。合理的個人という観念を俯瞰的にみる視点のひとつは、古代の哲学の欠陥のひとつは、まさに古代の哲学が目標としたものにあった、ということです。つまり、人間が実際にそうだ、ということではなく、哲学を究めればそうなれる、何年もの瞑想の行や、断食や性的禁欲などの自己鍛錬によってそういう人間になれる、つまり自身が欲するものをほんとうに決定でき、実際にそれを欲する人物になれると説いたのです。

TS：それについては暗黒の裏側があります。ブレイビク[*6]の法廷の記録を読んでいたときに気づいたのですが、彼は死ぬほどおそろしいことを言っています。「もちろん、私はこの人たちをみんな殺したくなかった。だから、感情をなくすために瞑想をしなくてはならなかった」と言うのです。私たちはとんでもない薄氷の上を歩いているんです。

DG：認知心理学は、日常生活の活動のいかに多くの部分が無意識に行われているかを指摘し、意思や意図といった観念全体をごく深いところから疑問に付し、どうすれば人を合理的行為者と考えることができるか問いました。古代の瞑想の行の核心はそこにあります。つまりはじめから自己を意識していると考えるのでなく、自己を意識した個人になることです。しかし現在の認知心理学やそれに依拠した哲学の潮流の指摘するところでは、日常ベースではじゅうぶん意識的に計算されたことなどほとんど何もありません。そういう理論によると、たとえば煙草をやめようと決断すること、それが、人間が自由である瞬間だということになるかもしれません。やめられることもあるし、やめられないこともあるでしょう。しかし人は日常ベースではたい

＊6　アンネシュ・ブレイビク（事件当時三二才）はキリスト教原理主義者で、二〇一一年七月二二日、ノルウェーの首都オスロとウトヤ島で庁舎爆破、銃乱射事件を起こし、あわせて七七人が死亡した。

へん反省的でありつつも無意識な存在ですが、それを改めようと決意する瞬間にどうやったらたどり着けるでしょう？

TS：でも、たばこを吸うか吸わないかといったことを考えない、気にしないというのは、むしろより高いステップだと言えませんか？

DG：子供のころ、当時の世界最高齢の男性が亡くなったと聞いた記憶があります。ちょうどその前の年にたばこをやめたそうで、長生きの秘訣を聞かれて彼はこう言ったそうです。「何事につけあまり気にしすぎないことだね」と。

決断しなくてもよい権利

TS：瞑想中に煙草をやめろという声がしたという場合、それは誰の声なんでしょう？　デヴィッド・グレーバーかトーマス・セドラチェクかロマン・フルパティの本当の声が「煙草をやめなさい。あなたのためだ」と言ってるのでしょうか？　まずちがうでしょうね。誰かがあなたに言ってるわけですから。それ以外のことは知りようがありません。五〇年前健康にいいとされていたことは、今はもうそのようには考えられていません。ポイントは「自分が自分であることを許す真実の声をどうすれば聞けるか」ということだと思います。それが、人間にふさわしい名前は「私たちは私たちでないもの」だと私が思う理由です。私たちは自分自身の声に耳を傾けなくてはなりません。本を読み、考えて、放蕩息子のように「我に返」らなくてはなりません。キリスト教あるいはユダヤの伝統における神の名、「私は私であるものだ」というのが、ほんとうに優れていると私が思うのはそのためです。それはつまり、「私は私のままで大丈夫だ」ということです。かたや私たち人間は、自分のままで大丈夫ではないのです。どの個人もそういった問題を抱えているのに、社会がまともだなんてことはあり得ないでしょう。私は瞑想をすると、すぐに煙草とかシステムのこと、あるいは禁煙のことを考えます。そして一方に「合理性」、もう一方に「感情」というラベルを張ろうとします。しかしどちらがどうだからといって理性と感情を分けることはたいへん難しいです。私が恋に落ちる、でもそれは許されないので恋するべきではない。この場合、どちらが感情でどちらが合理性でしょう？　古い感情が新しい感情と戦うということはあっても、感情と合理性が戦うということはありません。

RCh：となると「真実の自分であれ（be authentic）」とささやく声すらも、その核心のところでは真実ではないということでしょうか？　だとすれば、私たちは今すぐにでも自分をシステムから解放しなくてはならない、ということになりませんか？　それは私たちが依拠できる確固たる地点、現実と言っておきましょう、それをもたないからだ、ということでしょうか？

DG：あなたのお話を聞きながら考えたのは、責任から解放されたいという欲望は、どのような自由な社会においても参加という要素あるいは参加したい欲望と同等のものでなくてはならないということです。私はとても強くそう感じます。直接民主主義の試みに加わっている人のなかにはこのことをわかっていない人がいると思います。直接に決断しなくてもいいという権利のことです。誰でも自分の意見を表明し、参加しなくてはならないという考えは時にとても横暴なものになります。誰もが自分にかかわる集団的な決定に参加する自由をもつべきだとは思います。それ自体は何も悪いことではないでしょう。自主運営のコミュニティで起こる状況として、だいたいメンバーの三分の一くらいでうまく運営していることがあります。三分の一はそういうことが嫌いで、残りの三分の一は参加したりしなかったり、といった具合です。でも運営している三分の一が、みんなの気に入らないことをやっていると、みんながミーティングに顔を出すのです。大事なことは、みんながそうする機会をもっているということです。どんなときでも、それで問題ないのです。

第6章
オキュパイ
——前への一歩か、脇への一歩か？

Chapter 6

Occupy: A stepforward or to the side?

合理性と非合理性は一枚のコイン

ロマン・フルパティ（以下、RCh）：現在のような不確実な時代には、人々は確かさを求めます。何か手にとって触れることができるようなものです。オキュパイ運動は何ひとつ具体的なものを提示していません。むしろ、提示しているのは実験です。民主社会でものごとを動かしている中産階級の視点からは、このことであなたは力不足だとみえたりしないでしょうか？

デヴィッド・グレーバー（以下、DG）：私たちが提供するのはビジョンです。提供しないのは、政策的な提案です。政策的な提案というのは特定の制度的構造のなかでだけ実現できるものですが、まさにその制度的構造に対して私たちはオルタナティブを提示しようとしているのです。また、歴史が動くときというのは、オルタナティブなシステムがどう動くか、詳細な設計図を提供することによってではありません。そんなことは馬鹿げています。その点も私たちはわかっています。将来起こるであろう問題を先取りしたりすることはできませんし、当然ながら、歴史的転換というのは決してそのように起こったことはないのです。たとえば「私には「証券取引所」と名づけられるような考えがあって、その仕組みはこういうものだ」と誰かが言ったりするようなものではないのです。私たちにできるのは、実践のなかでものごとがどう作用するかということに関するミクロコスモス的なビジョンを探すことです。だから、今使っているのとはちがった原理で作動する民主主義的な仕組みをつくろうと考えたわけです。そしてそれを発見するプロセス、直接民主主義の原理に基づく運動と行為にかかわるプロセスというのは、一種の精神的な転換で、これは誰かが宗教にめざめるときのプロセスと似てなくもありません（そういうことが起こるときにありがちな、ある種の一次元的な思考やファナティズムに毒されないことを願いますが）。それは人々の地平をまったくひっくり返し、人々が互いに関係する仕方についての感覚をまったく変えてしまうものです。肝心なのは、こういった聖なるものに対する感覚をつくり出しながらも、同時にその虜になったり、それに操られたりしないことです。

RCh：どうやったら、確立した、ある意味では快適でもある諸々の習慣が勝利することを阻めるでしょう?

DG：今日は合理性と非合理性についてたくさん話をしてきました。両者は双方が他方をつくりだしたもの、同じコインの両面だと思います。合理性をただ論理計算の連続にすぎないもの――これはとてもミニマルな把握ですが――として取り出し、次に私たちのやる他のことすべてを取り上げて情念の領域に置くという考え方、これは互いが互いをつくり出していることになります。しかし、そういう捉え方が唯一のものではありません。別の仕方で区別することもできるでしょう。私は、私たちのやっていることを、合理性と非合理性〔の区別〕を投げ捨てること、あるいは合理性をあるべき場所にとどめおくこと、何をするにつけても、誰もが行うであろう計算の従属的な一契機にとどめおくことと考えたいと思います。しかし、合理性が非合理なものに従属するのを避けるためには別の分け方、たとえば穏当さ (reasonableness) といったものを考え出す必要があります。誰かを穏当でない (unreasonable) という場合、他の人の意見や見方を採り入れたり、考慮しようとしないという意味です。これは非合理とはずいぶん違います。人々が恒常的に穏当に行為できるようにするにはどういう条件が必要でしょう？　合理的と非合理的というパラダイムをもっていた古典的民主主義の理論家たちは、こう考えるでしょう。つまり、人々が政治のアリーナにそれぞれ一連の利害関心をもってやってきて、この政治のアリーナを人々がすでに望みとしてもっているものを計算するために利用し、熟慮の余地はない。しかし、熟慮とは、人々が集い、それ以前とは違って一体となって考え、自分の欲求を考え直し互いに妥協するということです。

RCh：その場合の問題は、どうやったら政治にかかわりをもち合理的に行為するプレイヤーを育てることができるかですね。

DG：たくさんのことを変えないといけないでしょう。今の社会で作用しているジェンダー関係を変えないといけないでしょう。また、人々が自分の責任だとみなすものの範囲を変えなくてはいけないでしょう。アナキストが法の構造をきわめて有害だと考える理由のひとつは、この構造はみずからを正当化する必要をつくり出すために、利己的な行為を促進し、それによって法が必要不可欠だと思わせている、という点です。だから私たちは、誰も罰する者がいないような状況で人々が互いにどう振る舞うか、実地に体験してもらっているのです。これが私たちのやっていることで、完全な一覧を示しているわけではありません。そういう一覧を思い描くために何から始めるべきか、小さな種をまいているのです。

人間的であるために

RCh：トーマス、これが現在の危機に対するデヴィッドの解決策です。経済問題についてもほぼ例外なく議論してもらいましたが、経済問題をはるかに超えています。あなたの考えはどうでしょう？

トーマス・セドラチェク（以下、TC）：解決策を聞かれると、私はこう言います。「これは解決策についての本ではなく、私より賢い誰かが解決策を見つけられる場所についての本なのです」。先ほど「型破りの考え（thinking out of the box）」と言いましたね。私は型破りの考え方をするのが大好きですが、そうしない人々にも感謝しています。たとえば警察官とか。型破りの考えをするにはたしかに作家や詩人が必要です。でも、たとえばコーヒーを注文するときなどには、クリエイティブであろうとしない人が絶対に必要です。ある意味で、社会批判の読み方のひとつは、それを自己批判として読むことです。想像力を少し拡げれば、社会に観察されることというのは、ほんとうは自分自身を外部化したものでしかないことがわかります。言い換えると、私が認識している社会の部分というのは、私に直接語りかけてくる部分、私とコミュニケーションしている部分だけなのです。私は自分で自分の需要や欲望を満たし、創造しているのです。ですからある意味で、これまで話し合ってきたことはすべて内面的な方向で、心理学的に読むこともできるでしょう。私は構造化が過剰だと文句を言うこともありますが、自分が創造的であるべきではなかった場合には創造的すぎるということもあります。もしシステムがより人間的であることを望むなら、それはつまるところ、私たちが自分の創造物に対してより人間的であるべきなのです。

RCh：言い換えると、危機の解決策は私たちのなかにある、そこから始めるべきだ、ということでしょうか？

TS：数学者で神学者のウェイントロープ[*1]（Weintraub）が素晴らしいことを言っています。どのビー玉も自叙伝である、と。そういう意味で私たちの本は私たち自身の自叙伝でもあるのです。私たちはよりよくありたいと思っているし、人間的でありたいと思っています、そして私たちはそうではないのです。つまり私たちはそのようにかたちづくられていながら、そうかたちづくってもいる、そしてそのプロセスを観察しているのです。そしてそこにトリックがあります。経済学の規範的な部分は「である」のなかにあります。仮定に基づいて、たとえば市場について話をするとき、問題なのは（これは神学的な問題です）、自分たちのつくったフィクションを信じ始めてしまうことです。言い換えると、私が経済学者として「人間は合理的に行為すると仮定することにしましょう」と言ったとして、これは「人間は実際に合理的に行為する」と言うのとまったく違います。これが問題です。経済学者だろうが人類学者だろうが、何かの計算をするときに空気抵抗は計算に入れないとか、人間はコンピュータのように行為するとか言ったとしても、それはそれでかまいません。でも、パブに

＊1　おそらくアメリカの経済学者E・ロイ・ウェイントロープ（E. Roy Weintraub　一九四三－　）のことだと思われる。前掲『善と悪の経済学』の終章四八三頁でセドラチェクは、Weintraub の著書 *How Economics Became a Mathematical Science*（『経済学はいかにして数学的科学となったか』）から、「すべての理論は自伝である」という語を引用している。神学者であるかどうかは不明。

入ってビールをやりながら「人間は合理的で自由なんだ」と言い出すと、問題です。自分の空想を真に受けるようになってきているのです。これはイデオロギーであり、ユートピア的な意見にすぎないのに、それを信じてしまっているのです。この点についてジジェク[*2]はうまいことを言っています。私たちはポスト・イデオロギーの時代に生きていると思っているが、反対に、これまででもっともイデオロギー的な時代である、なぜなら私たちは自分が何を信じているか、気づいてすらいないのだから、と。

*2　スラヴォイ・ジジェク（Slavoj Žižek　一九四九―　）スロヴェニアの哲学者。主な著書に『イデオロギーの崇高な対象』、（鈴木晶訳、河出書房文庫、二〇一五年）、『否定的なもののもとへの滞留　カント、ヘーゲル、イデオロギー批判』（酒井隆史・田崎英明訳、ちくま学芸文庫、二〇〇六年）などがある。

負債の言語が道徳の言語になる

RCh：だとすると、危機に対するあなたの解決策は、目覚めが必要だということですね。これもSFのテーマのひとつですね。

TS：そのとおり。誰もが型破りの考えをする必要があると私は思っていませんが、型どおりの思考についても同様です。実際、どちらも役には立つでしょう。人権について語ってもいいけれど、それはみんなのためにそうすべきです。知的財産権についいて語ってもいいけれど、これもみんなのためにそうすべきです。三日前お茶を飲みましたが、そのカップには「中国本家のレシピ」と書いてありました。こうは書かれていなかったのです、「このレシピは知的財産権の対価を払わずに中国から盗んだもので、それを私たちは自慢しています」とは。知的財産権を奉じるのなら、すべてについてそうしましょう。お茶の対価を中国に支払い、ヨガの対価をインドに支払う。これをどこまで拡げたいと思うかはわかりません。でも言いたいことは、マイクロソフトまでで止めることはできないということです。お茶やコーヒーについてこういう議論があることはご存じでしょう。「ああ、それはとっくに発明されていた。かれらが一キロ余計にコーヒーをつくるのに、ほとんど余計なコストはかからない」。オッケー、そのとおり。でも西洋の私たちがマイクロソフトのソフトウェアのコピーをつくるのに何のコストもかかりません。同じルールが適用されていない。これはフェアだと言えないでしょう?

DG: 同じルールを適用したら、システム全体が機能しなくなるでしょう。主婦に賃金をという考え、家事労働運動もそうです。[*3] 賃金を払えばシステム全体が壊れてしまいます。

TS：ええ、まさしく。でも、この問題に何らかのかたちで手をつけたら、そういった貧困化した国家に対する海外援助の半額分は解決するでしょう。私たちは彼らの知的貢献を尊重していないのですから。

DG：そういう議論はいろいろされています。たとえばボリビアでは、気候負債というものを導入しようと言っています。「誰が環境を破壊し、誰がしていないかを計算しなくてはならない」と主張しています。問題は「そうすることで型を維持しているのか、それとも疑問に付し破壊しているのか」ということです。一方では気候負債や（奴隷貿易などの）道徳的負債などの国際的負債について、そう議論をしたい人のことをわたしはまったく理解できます。「世界はそうやって動いているんだ。フェアなことはフェアなんだ」という主張ですね。では自然に対する負債についてはどうでしょう？　一面では、それは結局、地球上のものを何でも取り上げて、それがビジ

＊3　シルヴィア・フェデリーチ、マリアローザ・ダッラ・コスタらによるフェミニスト運動。この運動を通じてフェデリーチは、『キャリバンと魔女　資本主義に抗する女性の身体』（小田原琳・後藤あゆみ訳、以文社、二〇一七年）を執筆。同書は前掲『負債論』のなかでも高く評価されている。

ネスの分野に合ったものにできると考えることです。そういうやり方でほんとうにうまくいくでしょうか？　これは歴史をつうじてずっと起こってきたことだと思います。それを始めると型が増幅します。初期の宗教は、道徳を負債としながら、そのうえでそういう観念を無効化しようとしましたが、それを唯一説明するのがこのことだと思います。なぜそうしたのでしょう？「汝の生は神への負債だと心得よ」。

TS：その負債は誰に払うんですか？　いったんそれを始めるとたいへんな問題が起こりますよね。

DG：まあそうですね。初期の宗教は、生を授けてくれた両親に借りがあって、子供をもつことでそれを支払うということになります。親になることで、もう自分の親に借りはなくなります。

TS：それは負債の削減ではなく、実際には負債の引継ぎで、増幅だとすら言えますね。

DG：おっしゃるとおりです。負債など存在せず、あなたの存在はあなた自身のおかげだと言っているだけです。そして聖書では赦しは神聖なものだと言われます。そのようにすべてを負債だと言っておいて、それを捨ててしまうわけです。なぜ負債から話を始めなくてはならないのでしょう？　私が思いつく一番いい理由は、これは議論の言語だということです。だれかが「おまえは私たちに借りがある」と言い出すとすると、言い返すには「誰が誰に何の借りがあるんだ？」というしかないでしょう。だれもが負債の言語を使っていると、それが道徳の言語になるのです。それが危険なところです。「わかった、知的財産権、あなたの話に乗ろうじゃないか。あなたは私たちにこれとこれ、そしてこれの借りがある」。でもそうしたら、究極的には破滅にいたる論理を再生産するだけではないでしょうか？　多くの人がそういう状況に陥っています。

TS：システムが現在のあり方だからといって、それが自然だとは言えません。今のあり方は二〇〇年前にはまったく不自然でした。

DG：ものごとが自然になる、というのはそういうことです。同じ言語で議論し合うとそうなっていきます。

第 7 章
カオスと
ホモ・エコノミクス

Chapter 7

Chaos and homo economicus

カオスを増殖せよ——不確実性の実験

ロマン・フルパティ（以下、RCh）：私たちは現代を支配する宗教、あるいはイデオロギーである経済を失いつつある、と言えます。このことが意味するのは、グローバリゼーションの時代、確実性がますます失われていく時代にあって、私たちは、幻想だとはいえ、最後のよりどころを失いつつあるということでしょうか？　何人かの専門家が言うように、私たちはカオス、中世に向かいつつあるのでしょうか？

デヴィッド・グレーバー（以下、DG）：たしかにそのように見えます。ただし、中世はよく考えられているほど悪い時代ではありませんでしたが。

RCh：お二人とも、それぞれの仕方で、システムの取り壊し、少なくともその硬直的な部分の取り壊しを求めています。だとすると、歴史の次の章のテーマは、予測可能性が減少すること、カオスを生きていることを認め、それと折り合いをつけようとすることだとも言えるでしょうか？

DG：私の感覚を言うと、問題は予測不可能な要素が存在することでなく、それがどこに位置するかだと思います。社会的、政治的、技術的想像力がこのように崩壊してしまった理由は、まさに不安定さが生み出す予測のできない状態のためで、この広範なカオスの感覚は、今ある市場の諸制度によって養われたものです。その結果生じたのは驚くべき均質性であり、より大きな次元でリスクをとろうという姿勢の欠如です。私が望むのはそれと正反対の状態です。人々のベーシックなニーズが完全に保証されていて、別のレベルでカオス的に、想像力を発揮して行動する余裕があるような社会をみたいのです。そうなれば、ひとつには、さまざまなグループが集い、自分たちが追求したい価値をどういう形態で実現するか、何が他の人々の関心事とまったく両立不可能であるかを決められるでしょう。生活のあらゆる点について、またどんなゲームをしたいのかということについて、まったくカオス的にさまざまな考えが開花する状態が生まれるかもしれません。しかも、ベーシックな身体的な安心や必要が脅かされることなしに、望めばどの時点でもゲームから抜けられるという前提のうえで、です。だから、私はあるレベルではカオスを減らし、別のレベルでは抜本的にカオスを増幅させたいのです。

RCh： 結果として、そうすると私たちの生活のなかのカオスは増加するのでしょうか、それとも減少するのでしょうか？

DG： 重要なのはカオスが占める場所です。ですから、ある意味でカオスは増えるでしょう。身の回りであらゆる類のクレイジーでリスキーな実験が起こるまったく予測不能な世界です。でもそういう実験をするには、一定の安定した地盤がなくてはなりません。

カオスの存在を認める——不確実性の承認

RCh： トーマス、あなたは（カオス的な）未来をどのようにみますか？

トーマス・セドラチェク（以下、TS）：ある意味で科学、そして宗教の役割とはシステム化することです。つまりカオスを減らし、脱神話化することです。それがちょっと行きすぎたのではないかと私は思います。私たちは、すくなくとも経済学者は、ひょっとしたら他の人もですが、自分たちはカオスをコントロールできている、と考えているのではないかと思います。社会科学に存在したあらゆる難問を取り除き、型に収め、安全に隔離できていると。言い換えると、あらゆる問題はすでに出揃っている、少なくとも、何を知らないかは知っていると考えている。実際どうだったかというと、知らないことを知らなかった多くのことが存在するのです。どこからともなく、そんなものに直面すると考えたこともないような問題が飛び込んでくるようになりました。二〇〇〇年間、人類学者、社会学者、神学者らは、「私たちは……だ」と語ってきました。ソクラテスは「自分が知らないことを知っている」と言ったことでもっとも賢いと言われましたが、私たちは、そのちょっと先に進みました。私たちは「あなたが知らないということを私は知ってる」というのを発明したのです。これは、厳密な経済学をやっていない自分以外のみんなに向けたアプローチです。「わかった

わかった、ずっと話してなさい。でもあなたは知らないと私たちは知ってるけどね」。

そして、二年位前からもう一歩先に進んだと私は思います。私たちは社会にまだミステリーがあることを認める心構えができていません。私たちはその仕組みを完全に理解していない車を運転しているのであり、だからもうちょっと気をつけて運転すべきだし、もうすこしゆっくり運転すべきだということをまだ認められないのです。ミルトン・フリードマン[*1]のものだとされている言葉に、「私たちは今やみなケインジアンだ」というのがあります。今日言えるのは、「もはやだれも経済学者ではない」ということでしょう。というのも、私たちはあきらかに、別にどうでもいいような幽霊をずっと追いかけてきたのです。私たちは限界的に効用を引き下げ続け[*2]、そして四年後、とても注意深く数学で扱ってきたものがいったい何だったか、それを知らないことに気づくのです。そしてある意味、これはカオスの存在を認めるということだと思います。カオスの海にヨットを走らせるなら、カオスは存在しないと言っても何の助けにもなりません。実際には知らないのにすべてのことをわかっていると考えることは何の助けにもなりません。

＊1 ミルトン・フリードマン（Milton Friedman 一九一二―二〇〇六）アメリカの経済学者。ケインズ経済学に基づく裁量的な財政金融政策を批判し、貨幣量の管理による物価安定を重視したマネタリズムを提唱した。新自由主義思想を広めたシカゴ学派の中心的な人物。「私たちは今やみなケインジアンだ」と

R Ch：言い換えれば、あなたの提案は帆をたたんでもっとゆっくり、でももっと安全に航海をしようということでしょうか？

TS：不確実性が存在しないふりをすることは、不確実性が存在しないこととは違います。だから、もう少し注意深く操縦するべきです。システムは相互に絡み合っているからです。利子率だけの問題ではありません。それは宗教的な含意があります。負債には心理学的な含意があると言ってもいいでしょう。ここで私たちがかかわっているのは経済学よりもずっと古いアーキタイプなのです。何か古くからのものにかかわる際には、とても注意深くあるべきです。このプロセスは、私たち経済学者がモリアの坑道[*3]を通り抜けるようなものです。簡単な道は選べません。なぜならそれはどうせ行き止まりで、デーモンを倒さなくてはならず、そしてきっと前より弱くなってしまうのです。私が考えるのは、オキュパイ・ウォール・ストリートのようなものです。考えてみてください、この前のダボス会議の話題は大転換、新しいモデルの探求でした。結局、それこそオキュパイ・ウォール・ストリート運動の人々が求めていたものです。そしてそれが資本主義のメッカであるダボス会議の話題になったんです。これ

いう言葉は、ニクソン大統領が用いたことで有名になった。主な著書に『資本主義と自由』（村井章子訳、日経BPクラシックス、二〇〇八年）、ローズ・フリードマンとの共著に『選択の自由 自立社会への挑戦』（「新装版」、西山千明訳、日本経済新聞出版、二〇一二年）などがある。

＊2　限界効用理論のこと。新古典派経済学が依拠する価値論であり、商品の価値は、その商品の追加一単位から得られる消費者の効用（限界効用）によって決まるとされる学説。限界効用は商

第7章

は大きな成功と言っていいでしょう。

DG：連邦準備銀行も同じことを言いました。曰く、「要求を掲げないというのはたいへん巧いやり方だ。なぜなら私たちは二カ月間、窓の外を見つめながら、「彼らは何を求めているんだ」と言ってきたのだから」と。

スティーブ・ジョブズとビル・ゲイツ

TS：私たちの問題は、要求がありすぎる、ということでした。ある意味、そのせいで私たちはクレイジーになったんです。今、アマゾンの経済学関係のベストセラーをみると、そのタイトルの八〇パーセントはオキュパイの主張に沿ったものです。こういった本はすべて資本主義に批判的なものです。唯一、批判的でないもので最近トップにあるのはスティーブ・ジョブズ[*4]の伝記です。これはとても面白いことです。私がマンハッタンにいたとき、ウォール・ストリートに対する反対運動をしている通りの

品の量が増えるほど低下するという法則（限界効用逓減の法則）によって、右下がりの需要曲線が導かれ、供給曲線との交点で市場価格が導かれるという理論構造となっている。この理論によって経済学の数学化が進展したが、その大元にある限界効用の実体についてこの経済学がまともに取り扱ってこなかったことを、ここでは皮肉な言い回しで批判している。

＊3　J・R・R・トールキンのファンタジー小説『指輪物語』に登場する地下世界。ドワーフたちが掘削した坑道で、怪物バルログによって支配

四つ先では、人々が献花をしていましたが、それは教会でもお墓でもなく、極めつきの資本主義者の所有する店〔アップル・ストア〕でした。ジョブズはビル・ゲイツ[*5]以上に資本主義のシンボルと言える人物です。ビル・ゲイツは多くの時間とお金を慈善に費やしています。ジョブズは一銭も寄付しなかったことで知られています。

DG：でもまあ、ジョブズは少なくとも何かを創造したでしょう。ウォール・ストリートは何もつくっていません。

TS：それは銀行のせいだ、と言ってもいいでしょうね。スティーブ・ジョブスはたくさんの遺産を相続しなかったので、借金をしなければなりませんでした。資本主義のいくつかの部分は行きすぎだし、間違った方向に進んでいる、そういう言い方には同意できます。でもすべてが、ではありません！　明らかに私たちはiPhoneのようなものを享受しています。うまくいっていれば、人々はそのトリクルダウン[*6]を受け入れます。ジョブズはとんでもない金持ちになりましたが、彼が私たちに与えてくれたものを考えれば、それは許せます。これは現実にあったトリクルダウン効果です。私

された、オークやトロルといったモンスターたちの巣窟となっている。

＊4　スティーヴ・ジョブズ（Steven Jobs 一九五五―二〇一一）アップル社の共同設立者のひとり。マッキントッシュやiPhoneなど、革新的でデザイン性の高い製品を世に送り出した。

＊5　ビル・ゲイツ（Bill Gates 一九五五―）マイクロソフトの共同創設者のひとり。MS-DOSやウィンドウズなどのオペレーティングシステムを開発した。

＊6　市場経済を通じて

たちは素晴らしいものを手に入れた、だから彼が億万長者だということも認められます。でもビル・ゲイツには同じことをできません。

DG：ビル・ゲイツのほうがずっと商売人の要素が強いですね。アップルの際立った点は、そのマーケティング戦略ではなく、私たちが好むものを実際につくっているということです。一資本家をあんな風に愛するというのは、普通ではありませんし、ほとんど魔術的です。ヘンリー・フォード[*7]のような人物がいた時代に対しては、ほとんどノスタルジーとも言える感覚を抱きます。彼と同じ時代に生きていたら、彼を批判しているでしょう。きっとそうです。しかし少なくとも彼はたいしたものをつくっていました。現在の資本主義はたいして生産すらしていません。ジョブズについて言えば、確かに銀行が融資したから、彼は私たちが好む製品をつくることができた。でもこれらの技術の進歩はなぜ、現在のような方向をとっているのでしょう？　それは、資本家と政府が結託して大きな流れをつくり、イノベーションに対する政府の投資の方向をコントロールしているからです。ですから、そう、たしかにこういったオモチャは素敵なものです。でもいつも気になるのは、それらがどれほどの埋め合わせ

富が豊かな者から社会全体に「滴り落ちる（トリクルダウン）」という説で、税制による再分配や社会保障による格差是正を批判する立場からしばしば主張される。

＊7　ヘンリー・フォード（Henry Ford　一八六三―一九四七）は自動車会社フォード・モーター社の創業者。一九〇八年に発売したT型フォードは流れ作業による低価格化を実現し、大衆車として広く普及した。

になっているか、ということです。私たちの時代の最大の悲劇だとほんとうに思うのは（またしてもホラーからSFへの移行です）、私たちは、自分たちがどのみちつねにもっているもののイメージ、模造品に切り下げられてしまっている、ということです。ある意味、これは最高の具体例です。そう、何か物体があって、その物体はさまざまなイメージを含んでいる。このイメージの多くはまさに、私たちが現実に存在したらと考える欲望の対象のうちでももっとも空想的なものです。私が望むのはみんなの想像力をスクリーンから解放することです。

TS：同感です。しかしすべてがそんなに悪いことではありません。民主主義的な資本主義は私たちに、たとえばきれいな女の子を眺める可能性をもたらしました。これも以前は特権階級の特権でした。今はマウスを一回クリックするだけです。そのうえ昨今では誰もが美しくなれます。誇張して言うと、これはたとえばフォトショップのおかげです。

拡大する格差とケインズ主義の崩壊

RCh：経済は遅かれ早かれまた成長し出すとしましょう、そう期待されています。人々の多数はもう一度、デヴィッドの話していた代替品をもっとたくさん買うことができるようになるでしょう。そうなると現在なされている議論に耳を貸す人がいなくなり、変革の要求が消えてしまうというおそれはありませんか？

DG：富の不平等は狭まるよりも拡がっています。たしかにオモチャはいろいろあります。しかし現実には、人々は必需品の多くを手に入れることすら困難になりつつあると感じています。たしかにオモチャはいわゆる社会生活を営めない場合のよい気晴らしですが、食べ物がないことの気晴らしにはなりません。言いたいのは、基本的なリソースの配分が世界の多くの場所で死活問題になっているということです。システムは悲惨やねじれをつくり出したりもしたけれど、よいものは徐々に広まって、ますます多くの人が手に入れられるようになる、こういう考えは支配的ですが、もはやそれはあてはまりません。そう思っているのは、ほんのひと握りでしょう。アメリカでは、一〇パーセントの実質失業率が常態になりつつあると言われています。二年か三年後に起こると言われる次の経済危機の後には何が起こるでしょう？　そういう人たちがiPhoneをもっているということはまずないでしょう。もっていたとしても、それで生活が大きく変わるということはまずないでしょう。

RCh：あなたの解決は未知への一歩を踏み出すこと、これまで試されたことのないシステムへのスイッチです。そういったことが革命なしに、修辞的に言うと路上での反抗なしに可能でしょうか？

DG：いろんなドラマチックな出来事が起こることはほぼ避けられないと思います。問題は、どうやってそれを切り抜けるかです。そういう出来事が暴動とかそのたぐいの形態を取ると私は思いません。予測は不可能ですが、たぶんそうはならないと思います。そして、人々は未知を恐れるといいますが、それはどんな人々でしょう？　そこで実際に目を向けるべきなのは、中産階級の役割だと思います。中産階級の時間的枠組みはある種の安定を維持することを基本としています。子供が歯科矯正の学位を取るのに学費を払うかどうか決めるのに、五〇年後もまだその学位に価値があるかどうか知ることができたらと思うでしょう。これが古典的な中産階級の感性です。程度の差はあれ、ものごとを今のまま維持しようとするのです。トップにいる人々は歴史を生き、下層の人々は自分を守る余裕がありません。現在、資本主義システムは崩壊傾向にあります。資本主義は定期的に崩壊します。景気循環のことはみんな知っていますね。ケインズ主義の経済学が支配的だった時代、景気循環は一定期間にスムーズに収束していたように思います。しかし、この特定のパラダイムが取り除かれて以来、景気循環は大規模になってカムバックしました。かといって、ケインズ主義のモデルに戻ることはできません。そう考える理由があります。それが基礎においていた成長のレベルは、世界規模ではもはや不可能なのです。したがって、関心を引く問いとはまさに次のものです。すなわち、いつシステムは崩壊するか？　何が起こるのか？

資本主義後の世界と新しい民主主義

RCh：それでは、その可能性としての崩壊が起こった後、現在とは違うようなかたちで事態を収拾する可能性はどれくらいでしょう？

DG：一九三〇年代の経済破綻が構造的な危機となった理由について興味深い指摘を聞いたことがあります。そうなった理由は、それが経済的なオルタナティブがありそうだと思われた数少ない瞬間のひとつだったためだ、というのです。当時、ソビエト連邦で何が起こっていたか、誰もほんとうのところは知りませんでした。しかしソ連は実際、一〇パーセントの成長をしており、他国はみな衰退の途上にありました。そうなった要因を誰も知りませんでしたが、ともかく〔資本主義とは〕別の何かがあり、うまくいっているようにみえたのです。ある種の安定を求め、それが存在する唯一の選択肢だと思っているために、基本的に事態を引き戻してまとめようとするというのは興味深い考えです。しかし、オルタナティブがあり、それが民主主義的なものだとすれば何が起こるでしょう？

RCh：それはつまり、オキュパイはその機会、システムの崩壊を待っているということでしょうか？

DG：破壊が起これば、安定はすでに失われているので、ラディカルに違ったかたちで安定を再建する方法を提供することができるでしょうか？　そこが問題です。パニックを起こす必要があるとは思っていません。現存のシステムは今まさに、たいへん巧妙にそういうものをたくさんつくり出しているようにみえます。問題は、バラバラになったものを再びひとつにつなぎ合わせようとする際に、人々にどんな手段があるかという点です。私たちが内部のプロセスにたくさんの時間をかけるのは、そのためでもあります。どうすれば民主主義を実行できるのか、真に民主主義的にものごとを運ぶというのはどういうことか、あるいはいかに新たな民主主義の文化をつくるか、私たちは試行錯誤しているのです。ある意味、崩壊が起こったときというのは、ナオミ・クラインがショックドクトリン[*8]で言っていることのほぼ逆の事態だと思います。

*8　カナダのジャーナ

みんなが危機を引き起こしているあいだ、プランのある人間は何も手出ししません。そして復興のためにみんなが採用するのはそのプランなのです。私たちはそのプランをもちたいのです。

修正資本主義者の言い分

RCh：トーマス、あなたには崩壊した資本主義の破片を拾い集めて、もとのかたちに組み立ててほしいんですが。ただし、ずっとよい中身を入れて。

TC：私はまだ、みんなで破片を拾い集めるところまでいかないように頑張ろうと思っています。それが、私が修正資本主義者である理由です。これは爆破しなくてもできるだろうと思っています。爆破した結果どういうことになるか、誰もわかりません。これは知識人の手に負える問題ではありませんし、誰の手にも負えません。誰かの手に負えるとすれば、ちょうど一時間前に話したことに戻りますが、それは権力の

リスト、ナオミ・クライン（Naomi Klein　一九七〇－　）は『ショック・ドクトリン』（上下、岩波書店、幾島幸子・村上由見子訳、二〇一一年）で、ミルトン・フリードマンなどの唱える新自由主義の経済政策が、軍事クーデター、ハリケーンなどの惨事を利用しながら市場主義的改革を強引にすすめてきたさまを描いた。

ある人々でしょう。ですから九九パーセント以上の確率で、こういった人たちが命令を下し、破片をつなぎ合わせることになるでしょう。船を沈めて残った破片から新しい船をつくるというのはとてもリスクのある戦略です。こう言えたほうがずっといいでしょうが――オーケー、いろんな問題がある、たくさん問題がある、システムは機能不全を起こしている、持続可能性がないし、もう死んでいる、などなど。進めながら変えていこうではありませんか。たとえば車に乗っていたらスリップか何かが起こって、壁に衝突して大破するのをちょうど避けようとしている、としましょう。これが最良の車ではないこと、いちばんエコな車ではないことはみんな十二分にわかっています。でも、とりあえずは車を止めようじゃないですか。事故を避けましょう。なんとかそうできてから車を降りましょう。製図板に戻りましょう。でもカオスはなしで。

RCh：デヴィッドはカオスを拒否しません。あなたはカオスを避けようとしている。どうでしょう。カオスはある形態においては健全ではありませんか?

TS：カオスはとても危険です。しばしばとても危険な状況を生み出します。

DG：私が言いたいのは、カオスの際に脅威としてあらわれる害悪は、ある意味、下手につくられた自動システムの害悪よりも限定的だ、ということです。たとえば、どこかでアナーキーについて講義すると、「サイコパスはどうするんだ？　そんなシステムでサイコパスが及ぼす危険をどうするんだ？」といった質問を受けます。私は次のように巧く答えます。「少なくともサイコパスは軍隊を率いたりはしないでしょう」と。単刀直入に言うと、個人は限られた害しか及ぼせないのです。

人間的なものの再生へ

RCh：お二人とも明日が違うものになることを期待していると考えることにしましょう。今日まで私たちのシステムの中心、私たちの世界観の中心は経済人（ホモ・エコノミクス）でした。合理的に利潤を最大化する存在です。（古くて）新しいシステムではどんな種類の人間が中心になるでしょう？

TS：人間というものをもっと再生することです。私たちはここから離れ、経済をコンテキストから引き離してしまいました。後の祭りですが、これは全くバカげたことだと気づきました。すこしだけ再生して、精確さをすこしだけ減らして、世界はそのように動くものではないということをもっと理解することです。言いたいのは、世界はそう動くのかもしれないけれど、この惑星の上では違う、ということです。

DG：その点では、私たちは一致していると思います。合理性でなく穏当さ（reasonableness）が大事だという話をしたとき、基本的に言おうとしたのはそういうことです。穏当さというのはどういうことでしょう？　穏当さというのは通約できない価値のあいだで折り合いをつける能力です。そう、それには共感、そして理解が含まれます。またそれには、理解できないことがあっても、どのみちそれを考慮に入れなくてはいけない、ということを受け入れることが含まれます。でもそれは怖がるようなことじゃありません。皮肉な話ですが、経済学は四六時中、そういった問題に直面しています。その点をはっきりさせるのにいつも言うことですが、あなたのお金を使うのに最良のレストランを示す数式をつくることはできないのです。なぜならひとつは基数で、もうひとつは序数だからです。それは比較できないし、通約できません。なのに現実にはいつも比較、通約されています。人生の局面の多くは、通約できない価値のあいだで折り合いをつけることです。問題は、どうやってそれを育てていくかです。この種のことは日常ベースではできますが、もっと大きなシステムにやらせることはできません。

TS：私の頭のなかにあるイメージも同じです。生活のうえで価値のあるものがあります。iPhoneや携帯電話など、みんな価値があります。そういうもののなかには数値をもつものがあり、この場合は値段ですが、それは質の尺度です。でも絶対、数値化できないものもあります。友情や美意識など、いろいろあります。どんな高等な数学を使っても、片足で跳ねていることにしかならないでしょう。計算できないものを計算する方法はないのですから。私たちはこのことを認める必要があります。言い換えると、人間は六〇パーセントの時間、ホモ・エコノミクスのように行動するかもしれませんが、でもそれは一〇〇パーセントではない、そしてホモ・エコノミクスのように行為しているときにはそのことに気づかないのです。

RCh：それはホモ……、何でしょう？

TS：問題はなぜ私たちはそれをモデル化しなくてはいけないのか、ではありませんでしたっけ？　どっちみち、それはモデル化なんてできないことです。

訳者解説

本書について

現代の〈システム〉の問題は何か？　そして、目指すべきはその〈改革〉か？　それとも〈革命〉なのか？　――本書は以上を主題として、経済学者トーマス・セドラチェク、文化人類学者デヴィッド・グレーバーの二人が、ジャーナリストのロマン・フルパティを進行役に二〇一三年、ドイツのミュンヘンで交わした対話の記録である。

この対話はこれまでチェコ語（*(R)evoluční ekonomie: O systému a lidech*. 65.pole 2013）とドイツ語（*Revolution oder Evolution. Das Ende des Kapitalismus?* Goldmann 2016）で出版されている。対話そのものは英語でおこなわれており、この日本語版はオリジナルの英語のテキスト（未出版）に拠り、適宜ドイツ語版を参照した。

英語テキストの題名は'*(R)EVOLUTIONARY ECONOMICS　Of systems and men*'であり、〈革命〉と〈進化〉が対となっているが、経済学の一分野である進化経済学との関連は内容的に特になく、進化という言葉が誤解を生む可能性があること、"revolution"と"evolution"という、ことばの調子を合わせた感じを活かすといった理由から〈革命〉と〈改革〉とした。

〈プロローグ〉でフルパティが触れているように、本書はフルパティとセドラチェクによるシリーズものの第二弾にあたる。第一弾『ホモ・エコノミクスの黄昏（*Soumrak Homo Economicus*）』（65th Square 2012、チェコ語）は、作家で数学者のDavid Orrellとの共著で、今作ではその席にデヴィッド・グレーバーが迎えられた、ということになる。現代経済学に焦点を当てた前作から、現代の〈システム〉全般という、前作の主題も包含する大きな枠組みを対象としている（ちなみに第三弾として、オランダの作家、人類学者のJoris Luyendijkを迎えての『カフカ的経済（*Kafkonomie*）』がチェコ語で二〇一八年に刊行されている）。

人物紹介

現在、少なくとも現行の資本主義のあり方に対する批判は、これまでになく強まっている。そのなかで、セドラチェクとグレーバーは世界的な言論状況に影響を与える、ある種の〈スター〉的存在だといえるだろう。たとえば『未完の資本主義　テクノロジーが変える経済の形と未来』（大野和基インタビュー・編、PHP新書、二〇一九年）では、経済学者ポール・クルーグマンらと並び、グレーバー、セドラチェクがそれぞれインタビューを受けているが、セドラチェクはこのインタビュー中、グレーバーと「激論を交わして、共著を出版した」と本書に言及している。

本書を手に取る方のなかには、セドラチェクかグレーバー、少なくともどちらかに興味があり、すでにその著書を手に取ったことのある方も多いと推察する。そういう方には目新しくもないだろうが、解説の務めとして、あらためて二人の紹介をしておく。

トーマス・セドラチェクは一九七七年、チェコ共和国プラハ生まれ。プラハのカレル大学で経済学を修め博士号を取得。二四歳で、チェコ共和国大統領ヴァーツラフ・ハヴェルの経済アドバイザー、その後も政府関係の委員を務めた。カレル大学で哲学と経済、倫理と経済、経済思想史、現代経済問題などを講義するかたわら、世界中の大学、国際会議、イベントなどで講演、シンポジウムのパネリストなどをつとめる。書籍化もされたNHKのテレビ・シリーズ『欲望の資本主義』にも登場しており、彼の語りを、特に意識しないまま、すでに聞いていた方もいるだろう。

セドラチェクを有名にしたのは『善と悪の経済学』（原著は二〇〇九年刊行、邦訳は村井章子訳、東洋経済新報社、二〇一五年）だ。本書からもその片鱗がうかがわれるとおり、古代メソポタミアのギルガメシュ叙事詩から聖書、古代ギリシャなどの経済思想を掘り起こすところから始め、近代のデカルトに始まる機械論哲学からアダム・スミスにおける経済学の成立をたどり、数学的に体系化された現代経済学を批判的に吟味した、広大な歴史的スパンで経済思想、経済と倫理の関係を扱った著作である。チェコでベストセラーとなったこの本は二一の言語に翻訳されている。近著に『続・善と悪の経済学　資本主義の経済分析』（原著は二〇一五年刊行、オリバー・タンツァーとの共著、森内薫、長谷川早苗訳、東洋経済新報社、二〇一八年）がある（セドラチェクのホームページ http://www.tomassedlacek.cz/en/home 参照）。

デヴィッド・グレーバーは一九六一年生まれ、ニューヨークで育ったユダヤ系アメリカ人である。ニューヨーク州立大学パーチェス校、シカゴ大学で文化人類学を学び、シカゴ大学での大学院生時代には、マダガスカルで二年間フィールドワークに従事。その後、シカゴ大、ハバフォード大、ニューヨーク大などで教鞭をとり、二〇〇四年にイェール大学で教職を得るが、大学は彼との契約を延長しないとの決定を下す（実質的な理由は、彼のグローバル・ジャスティス運動などへの肩入れだったと推測される）。アメリカでは職を得られず、二〇〇七年から二〇一三年、ロンドン大学ゴールドスミス・カレッジで教えた後、ロンドン・スクール・オブ・エコノミクスの教授となる（グレーバーのホームページ https://davidgraeber.industries/contact を参照）。

グレーバーの著作の邦訳としては、これまでのところ以下のものがある。

『アナーキスト人類学のための断章』高祖岩三郎訳、以文社、二〇〇六年
『資本主義後の世界のために　新しいアナーキズムの視座』高祖岩三郎訳、以文社、二〇〇九年（日本語でのみ出版されたインタビュー集）

『デモクラシー・プロジェクト　オキュパイ運動・直接民主主義・集合的想像力』木下ちがや、江上賢一郎、原民樹訳、航思社、二〇一五年
『負債論　貨幣と暴力の五〇〇〇年』酒井隆史、高祖岩三郎、佐々木夏子訳、以文社、二〇一六年
『官僚制のユートピア　テクノロジー、構造的愚かさ、リベラリズムの鉄則』酒井隆史訳、以文社、二〇一七年
『民主主義の非西洋起源について「あいだ」の空間の民主主義』片岡大右訳、以文社、二〇二〇年
『ブルシット・ジョブ　クソどうでもいい仕事の理論』酒井隆史、芳賀達彦、森田和樹、岩波書店、二〇二〇年

発刊順に並べたが、グレーバーは文化人類学者にしてアナキスト、特に後者に比重が置かれて紹介されてきたことがうかがわれる。彼は、活動家として世界中のさまざまな運動に携わり、オキュパイ運動のスローガン「私たちは九九%だ」の発案者のひとりでもあった。

『負債論』は、彼の本格的な文化人類学的研究の成果を広く一般に示し、彼の運動・主張の理論的なバック・グラウンドを示すものだった。負債という概念を軸にこれまでの経済、権力、倫理のあり方への見方を

一新するきわめて重要な問題提起をはらむこの書は、広く話題となった。

対話について

本書は対話であり、形式的にも内容的にも難解なところはない。屋上屋を重ねるような詳細な解説は不要かと思うが、対話全体に関わる点について少々記しておきたい。

この対話でまず強く印象付けられるのは、二人のやり取りの自由さ、闊達さだ。一方がゾンビやホラー映画の喩えを出せば、もう一方もそれに乗っかって喩え話をさらに進めるさまや、ごく具体的な日常生活の一場面をユーモラスに語る対話の流れは、二人の資質の近親性の相乗作用であるとともに、互いへの信頼を下地にしたリラックスした雰囲気を感じさせる。

このユーモアに満ちたリラックスした対話は、古来からの哲学における、未知なるものを求めるための〈発見の術 ars inveniendi〉、現代風にいえばブレイン・ストーミングの側面をもっているようにも思われる。つまり、現実を超えて、新しい何かを求めるためには、現実を子細に分析・整理するだけでは足りない。換喩を重ね敷衍することで、問題に真正面から向き合うだけでは出てこない発想を求める、そういった作業に思えるのだ。当然それだけ、学術的とか分析的、実証的といった要素は低いのだが、それは対話という形式のもつ無理からぬ制約でもある。本書では両者の著書への参照注を加えた。興味を惹いたトピックについては、それぞれの著書を手に取っていただきたい。

対話の大きな構図は、現在のシステムのあり方に対する批判的視点については、セドラチェクとグレーバーは大枠において意見を同じくしつつも、その出口として、セドラチェクはあくまでも〈改革〉を主張し、グレーバーはより根本的な〈革命〉が必要だと考えている、とまとめられる。

まず一致点について。経済と倫理の絡み合いを古代からたどり、自己利益を最大化すべく合理的に行為する〈ホモ・エコノミクス〉という、現代の経済学の出発点として仮定された人間像を批判するセドラチェク。そして〈負債〉をキー・タームに、古代から現代にいたる経済のあり方を文化人類学の立場から批判的に検討したグレーバー、両者が共通して着目しているのは、現代の経済、システムの不自然さであり、それを成り立たせているある種の〈暴力〉である。近代の合理的人間像に合わない行動を、人間は古来から、そして現在でも日常的にとっており、それは〈ホモ・エコノミクス〉の定義からすれば〈不合理〉かもしれないが、決して〈無益〉でも〈無用〉なものではない、むしろ、基本的な人間関係を成立させるために不可欠なものである。それぞれが引き合いに出すさまざまなエピソードは、それを浮き彫りにしている。

次に相違点について。セドラチェクはあくまでも既存のシステムの〈改革〉を求める、逆に言えば、それで足りるという。彼の立場は、それまでの二人の意気投合した議論の結論としてはむしろ唐突で物足りないという印象も受ける。セドラチェクがそう言うのには二つの理由が推測される。

まず、セドラチェクは社会主義国チェコ・スロヴァキアの崩壊から新生チェコ共和国の誕生という大きな変動を身をもって体験したということだ。その過程は〈革命〉から生まれた体制の崩壊であると同時に、それ自体もうひとつの〈革命〉＝ビロード革命と呼ばれた。彼の〈改革〉志向には、チェコで起こったような〈革命〉にはたいへんな混乱が伴う、それは避けたほうがいい、という肌身の感覚がはたらいているのかもしれない。

もうひとつの推測は、彼は〈革命〉を伝統的な、マルクス主義的な意味で理解しているのかもしれない、ということだ。これはひとりセドラチェクにかぎった問題ではない。

資本主義批判は強まっているものの、資本主義を乗り越えた後の体制はどのようなものであるか、そのイメージがはっきりしない、というのが現在の一般的な状況だと言える。少なくとも、東欧革命以前のソ連型の社会主義体制は、現在の資本主義のオルタナティブとして肯定的に評価されていない。たしかに、アメリカで民主社会主義者を自称するバーニー・サンダースに一定の支持が集まるといった現象はある。しかし〈革命〉が従来のイメージのような体制の根底的な刷新、変革であり、なおかつそれによって生まれる社会が旧ソ連のような肥大した国家官僚機構の支配する体制とは異なるものだとすれば、それはどういうものであり得るのか、その点について説得力のあるイメージはまだ存在しない、それが現状だろう。セドラチェクが〈革命〉を説くことを躊躇するのも理解できる。

それに対してグレーバーだが、おそらく彼は、セドラチェクが念頭に置いているであろうものとは相当に異なるイメージで〈革命〉を捉えているように思われる。

『負債論』は、前述のとおり、多面的な問題提起をはらんだ著作だが、目下の文脈で重要なのは、コミュニズムに関する議論だ。マルクス主義の史的唯物論において人類史の端緒および将来の無階級社会の規定とされたコミュニズム＝共産主義とはまったく異なるコミュニズム理解を彼は提示する。グレーバー曰く、「あらゆる社会システムは、資本主義のような経済システムでさえ、現に存在するコミュニズムのうちに築かれているのだ」（『負債論』一四三頁）。

資本主義ですら、コミュニズムなしには機能しない——これは彼自身も言うとおり、一種のスキャンダルだ。「真剣になにごとかを達成することを考えているなら、最も効率的な方法はあきらかに、能力に従って任務を分配し、それを遂行するために必要なものを与え合うことである」（同、一四四頁）。彼の言うコミュニズムとはこういうものだ。そして、会話をすすめるのに嘘や侮辱を交えないとか、見知らぬ人に煙草の火を貸すとか、エレベーターを開けておくとか、ちょっとした日常の親切、見返りを求めることなど思いだにせず、誰もが自然におこなう行為、こういう行動様式を基盤的コミュニズムと彼は呼ぶ。このコミュニズムこそが「あらゆる人間の社交性の基盤」なのだ（同上）。

どんな高度な〈システム〉も、こういった人間関係があってはじめて機能するのであり、〈システム〉の発する命令はむしろその人間関係を壊す。文化人類学の研究から彼はこの洞察を得て、それをオキュパイ運動のキャンプで実践しようとしたのだ。

対話のなかでグレーバーは、自身の目指すところを「人々のベーシックなニーズが完全に保証されていて、別のレベルでカオス的に、想像力を発揮して行動する余裕があるような社会」とまとめている（本書一四〇頁）。システムを完全に排するのではなく、つまり、現在の〈システム〉が作り出している生存レベルのカオスを排し、ベーシックなニーズを保証しつつ（これにはある種の〈システム〉とカオスの関係を変えること、ステムが必要だ）、そのうえで自由な活動の余地を確保する、ということだ。そういった方向性は本書中のアポロ計画への言及などからも読み取れる。

以上のように、グレーバーの〈革命〉観を捉えたとき、〈改革〉の側に立つセドラチェクとの差異は、思ったほど大きくはないように思われる。

ヴァルター・ベンヤミンがエルンスト・ブロッホに語った、メシアの王国についての寓話がある。あるラビがこういったという。「平和の王国を樹立するためには、いっさいを破壊し、まったく新しい世界を開始する必要はない。この茶碗かあの若木、あるいはあの石、そしてすべての物をほんの少しわきへずらすだけで充分だ。だが、実行しようとなるとこのほんの少しが実にむずかしい」（ジョルジョ・アガンベン『到来する共同体』上村忠男訳、月曜社二〇一二年、六九―七〇頁）。この「ほんの少し」を、メシアの到来を待つのでなく、自由に即興的にみんなで試行錯誤すること、グレーバーが説き、実践しているのはそういうことだ。

この訳書が生まれたきっかけは、グレーバーがコミュニズムにつきものだという「宴（コンヴィヴィアリティ）の共有」だった（『負債論』一四八頁）。共通の知人を介してともに卓を囲むことになった以文社の大野氏と三崎のあいだのやりとり――「ドイツ語で出版されているグレーバーとセドラチェクの対談があるんですけど」「『負債論』はとても面白い本でした。専門とはいえないけれど、ドイツ語なら訳しましょうか」――が始まりだった。二〇一八年夏のことだ。英語テキストが手に入ったこともあり、経済学関係にあかるい人物として、デヴィッド・ハーヴェイの著作の翻訳を数多く手がけている新井田が加わった。前半を新井田、後半を三崎が担当しその後、両者で全体を検討した。かぎられた能力、条件のなかで二人とも最善を尽くしたが、およそ翻訳で完全無欠、これ以上望みえない、ということはありえない。自在に話題が流れていく対話は、学術論文の翻訳とは別の難しさもあった。読者に二人の対話の妙が伝わり、思考のヒントが得られることを願うばかりである。

デヴィッド・グレーバーは二〇二〇年九月二日、休暇先のヴェネツィアで急逝した。以前から話題となっていた『ブルシット・ジョブ』の邦訳が七月末に刊行されたばかり、本書の校正の最

中のことである。新型コロナ危機（本書で彼が近々、確実に起こると語っていた「次の経済危機」はこういうかたちで訪れたことになる）に際しても、彼は積極的に発言を続け（以文社HPに掲載されている片岡大右「『魔神は瓶に戻せない』D・グレーバー、コロナ禍を語る」参照）、精力的に次の仕事をすすめようとしている矢先のことだった。

多くの追悼文が寄せられているが、以下、三人のものを紹介しておく。

哲学、文学研究者のマイケル・ハートは、自分にとってグレーバーは「学究としての生と活動家としての生を存分に生きるうえでのモデル」であり続けると評し、二〇〇八年、G8に合わせて来日した際、グレーバーはその前に郊外の活動家キャンプで雨中のテント生活をおくったうえ食あたりまで抱え、青白い顔をしながらも反対集会でのスピーチ、路上での反対行動に精力的に参加した様を回想している（https://jacobinmag.com/2020/09/remembering-my-friend-david-graeber）。

文化人類学者のマーシャル・サーリンズはシカゴ大学でグレーバーの指導教官であり、共同で『王について　*On Kings*』（HAU Books 2017　以文社より刊行予定）を著している。グレーバーは彼の指導した学生のなかでもっとも創造的な学生であり、人類学の因習的な知見をつねにひっくり返し、被支配民が自分たちなりに国家、王や他の抑圧的機関をいかに転覆させようとしたか、示そうとしたという。彼は多くの意味でグローバルな人物となり、共同執筆中も、世界中のローカルな運動に参加し、そこからメールでコメントを送ってきた。

サーリンズはグレーバーのある著作のタイトル『さまざまな可能性　*Possibilities*』（AK Press 2007）を彼の著作すべてのタイトルにふさわしく、さらに彼の人生にもっともふさわしいと言う。「思ってもみなかった自由の可能性を提示してくれたことが彼の私たちへの贈り物である」（https://www.nybooks.com/daily/2020/09/05/david-graeber-1961-2020/［以文社ＨＰに邦訳が公開されている。マーシャル・サーリンズ「追悼　デヴィッド・グレーバー（1961--2010）」中川理訳　http://www.ibunsha.co.jp/contents/sahlins-graeber/］）。

同じ記事で考古学者のデヴィッド・ウェングロウ（本書五七頁注を参照）が語るところでは、グレーバーの死の三週間前、ふたりは一〇年以上にわたる共同作業により共著を仕上げたところだった。グレーバーが望んだ著作のタイトルは『万物のあけぼの　*the Dawn of Everything*』という。オキュパイ運動を始めた際、この種の試みは小規模ではともかく、大規模にはうまくいかないとの批判を受けたグレーバーは、何世紀、何千年ではそうかもしれないが、歴史をもっと掘り下げたらどうか、と考え、石器時代にまで遡ろうとしたのがこの共著である。やがて「政治的動機」を抱いているとの攻撃を受けたものの、二人ともそれで臆することはなかったという。

以上からも、グレーバーがアカデミックな世界と社会運動に与えた影響の大きさが察せられる。そして、彼が世を去ったことの損失もそれだけ大きく、彼が生きて展開したであろう執筆と活動を考えれば、それはさらに大きい。彼の遺したものを受け止め、共有し、さらにふくらませる「宴（コンヴィヴィアリティ）」が世界の各所で続けられることが、私たちにできる彼への贈り物だろう。

本書がそのためのささやかな捧げものとなることを祈る。

訳者を代表して　三崎和志

著　者

トーマス・セドラチェク（Tomas Sedlacek）

1977年生まれ．チェコ共和国の経済学者．CSOB（チェコスロバキア貿易銀行）にてマクロ経済担当のチーフストラテジストを，ならびにチェコ共和国国家経済会議の前メンバーを務める．プラハ・カレル大学在学中，20代で初代大統領ヴァーツラフ・ハヴェルの経済アドバイザーとなった．著書『善と悪の経済学』はチェコでベストセラーとなり，刊行後15の言語に翻訳され，話題を呼んだ．日本ではNHK「欲望の資本主義」シリーズなどに出演したことで知られる．主な著書に『善と悪の経済学 ギルガメシュ叙事詩，アニマルスピリット，ウォール街占拠』（村井章子訳，東洋経済新報社，2015年），『続・善と悪の経済学 資本主義の精神分析』（オリヴァー・タンツァーとの共著，森内薫ほか訳，東洋経済新報社，2018年）などがある．

デヴィッド・グレーバー（David Graeber）

1961年生まれ．アメリカの文化人類学者，アクティヴィスト．アメリカ国内の大学で教鞭を執ったのち，ロンドン・スクール・オブ・エコノミクス人類学教授に就任．2020年9月，滞在先のイタリア・ヴェネツィアで急逝．著書『負債論』『ブルシット・ジョブ』は刊行後各国で翻訳され世界的なベストセラーとなった．主な著書に『アナーキスト人類学のための断章』（高祖岩三郎訳，以文社，2006年），『負債論　貨幣と暴力の5000年』（酒井隆史監訳，以文社，2016年），『官僚制のユートピア　テクノロジー，構造的愚かさ，リベラリズムの鉄則』（酒井隆史訳，以文社，2017年），『民主主義の非西洋起源について　「あいだ」の空間の民主主義』（片岡大右訳，以文社，2020年），『ブルシット・ジョブ　クソどうでもいい仕事の理論』（酒井隆史ほか訳，岩波書店，2020年）などがある．

聞き手

ロマン・フルパティ（Roman Chlupaty）

チェコ系カナダ人のジャナーリスト，大学講師，メディア・コンサルタント．世界経済，国際政治を専門とする．トロント大学で国際関係学と経済学を，オーフス大学，アムステルダム大学，ロンドン大学でグローバル政治経済学，コミュニケーション理論を学ぶ．トロント大学ではティーチング・アシスタントを務める．主な著書に，David Orrellとの共著 *The Evolution of Money*, Columbia University Press,2016. などがある．

訳　者

三崎和志（みさき　かずし）

1963年生まれ．東京慈恵会医科大学教授．専攻は哲学．主な著作に『哲学から未来を拓く①　21世紀の透視図——今日的変容の根源から』（共著，青木書店，2009年），『マルクスの構想力』（共著，社会評論社，2010年），『西洋哲学の軌跡——デカルトからグリまで』（共編著，晃洋書房，2012年）など．訳書としてアクセル・ホネット『私たちのなかの私』（共訳，法政大学出版局，2017年）など．

新井田智幸（にいだ　ともゆき）

1981年生まれ．東京経済大学専任講師．専攻は経済思想．主な著作に『図説　経済の論点』（共著，旬報社，2015年），論文に「デヴィッド・ハーヴェイのマルクス主義経済地理学」『歴史と経済』245号，「ヴェブレンの制度進化論と現代資本主義分析」『岐阜大学地域科学部研究報告』第37号，訳書としてデヴィッド・ハーヴェイ『資本主義の終焉』（共訳，作品社，2017年），デービッド・エジャトン『戦争国家イギリス』（共訳，名古屋大学出版会，2017年）など．

改革か革命か

―― 人間・経済・システムをめぐる対話

2020年11月10日　初版第1刷発行

著　者　トーマス・セドラチェク
　　　　デヴィッド・グレーバー

訳　者　三崎和志・新井田智幸

発行者　大　野　真

発行所　以　文　社

〒101-0051 東京都千代田区神田神保町2-12

TEL 03-6272-6536　　FAX 03-6272-6538

http://www.ibunsha.co.jp/

印刷・製本：中央精版印刷

ISBN978-4-7531-0360-7

——以文社　好評既刊書

負債論 ——貨幣と暴力の 5000 年

デヴィッド・グレーバー 著

酒井隆史 監訳　高祖岩三郎・佐々木夏子 訳

A5 判・848 頁・本体価格 6000 円

『国富論』から『負債論』へ　現代人の首をしめあげる負債の秘密を、古今東西にわたる人文知を総結集して貨幣と暴力の 5000 年史という壮大な展望のもとに解き明かす名著。

官僚制のユートピア

——テクノロジー、構造的愚かさ、リベラリズムの鉄則

デヴィッド・グレーバー 著

酒井隆史 訳　　四六判・388 頁　本体価格 3500 円

全面的官僚制の時代へ　「規制緩和」という政府による経済介入の縮減政策が、それまで以上の「お役所仕事」を生み出すという逆説。私たちはなぜ、官僚制に魅せられてしまうのかを問う傑出した現代社会批評。

アナーキスト人類学のための断章
デヴィッド・グレーバー 著
高祖岩三郎 訳　　四六判・200頁　本体価格2200円
恐れるのではない。変革はゆっくりと、だが着実に進んでいる！ 他者の基本姿勢を受容するよう応答するアナーキズム＆人類学。この魅惑的な姿勢から編み出される技術（アート）。

民主主義の非西洋起源について
──「あいだ」の空間の民主主義
デヴィッド・グレーバー 著
片岡大右 訳　　四六判・216頁　本体価格2400円
豊穣なる人類学的・歴史的知見から「民主主義の歴史」の盲点を鮮やかに突く！ アラン・カイエによまえがき及び「付録」を含むフランス語版をベースに編まれた日本独自編集版。

フェティシュとは何か──その問いの系譜
ウィリアム・ピーツ 著
杉本隆司 訳　　四六判・216頁　本体価格2700円
デヴィッド・グレーバー絶賛！「フェティシズムがなくなることはないであろう」 モノが信仰と欲望の対象となり、商品／貨幣となる──。価値創造の秘密に迫る記念碑論文集。

不確実性の人類学 ──デリバティブ金融時代の言語の失敗
アルジュン・アパドゥライ 著
中川理・中空萌 訳　　四六判・296頁　本体価格3000円
デリバティブの論理に抗する分人主義 不確実性の想像力に着目し、グローバル金融とデリバティブの論理に抗する「進歩的分人主義」の可能性を探究する人類学的考察。